Band 1
Schweizer in aller Welt

Band 1

Schweizer in aller Welt

Text
Jean-Philippe Arm

Fotos
Jean-Jacques Grezet

MONDO-VERLAG

Einführung
Sie sind überall

Die Leute in Sainte-Croix werden Ihnen erzählen, daß es überall in der Welt ihresgleichen, die *Sainte-Crix,* gibt, und damit haben sie zweifellos nicht ganz unrecht. Der eine weiß zu berichten, wie er bei einer New-York-Reise Ecke Fünfte Avenue und 42. Straße einen Burschen aus dem heimatlichen Jurastädtchen beinahe umgerannt hat, der seit über dreißig Jahren in den Staaten lebt. Der andere Weltreisende aus der Waadtländer Spieldosenmetropole kann Ihnen aufzählen, in wie vielen Hauptstädten der Welt, und selbst den exotischsten, er auf Leute namens Jaccard gestoßen ist. Und ein dritter wird Ihnen beweisen – ein untrügliches Zeichen –, daß im Verhältnis zur Einwohnerzahl mehr Sainte-Crix in diplomatischen Diensten stehen als Bürger jeder anderen Gemeinde.

Da es keinen vernünftigen Grund zur Annahme gibt, eine genetische Mißbildung habe die Sainte-Crix über Generationen ins freiwillige Exil in alle Ecken des Erdballs getrieben, löst wohl der Reisefieber-Virus diese offenbar ansteckende Krankheit aus. Was die eingangs aufgestellte Behauptung glaubwürdiger macht, ist die Tatsache, daß die Leute in Sainte-Croix schon immer gezwungen waren, ihr Brot im Unterland zu verdienen und die Erzeugnisse der heimischen Industrie im Ausland zu verkaufen. Was sie in die Ferne lockte, in die Vereinigten Staaten, nach Südamerika oder Australien, waren ganz einfach die dortigen Märkte für die Spieldosen und andern Früchte ihres Erfindergeistes.

Was für die Sainte-Crix gilt, trifft auch auf die Neuenburger zu, denen man in viel größerer Zahl im Ausland begegnet, als die Kantonsgröße erwarten ließe. Es waren vor allem Uhrmacher oder ihre Vertreter, welche die Uhren und Pendulen auf ihrer Reise in die Welt begleiteten. In mehr oder weniger ausgeprägtem Maß gilt das Gesagte selbstverständlich für alle Schweizer.

Ohne hier lange auf den Gemeinplätzen der Schweizer Geschichte verweilen zu wollen: Praktisch alle Stände waren schon früh gezwungen, hungrige Mäuler ins Ausland zu schicken ... lange bevor das Wort vom kleinen Land ohne Rohstoffe in aller Munde war. Die im ausgehenden Mittelalter auf sämtlichen europäischen Schlachtfeldern gefürchteten Schweizer Reisläufer waren ebenso viele Esser weniger, die es in Schwyz, Uri oder Luzern zu ernähren galt. Sie brachten darüber hinaus jene Familien zu Reichtum, welche sie an ausländische Kriegsherren vermittelten ... und von denen, die zurückkamen, trug manch einer ein ansehnliches Scherflein nach Hause. In heutigen Begriffen ausgedrückt: Die Schweiz exportierte überschüssige Arbeitskräfte gegen harte Devisen.

Der letzte Aderlaß

Bei großen Hungersnöten – und daran hatte es in der Vergangenheit nicht gefehlt – suchten auch unbewaffnete Schweizer unter gnädigeren Himmeln ihr Glück: verarmte Bauern, Taglöhner, Arbeiter... Wie viele Tessiner zwang doch die Not aus ihren kargen Bergtälern hinunter in die Lombardei, nach Florenz und Rom? Und die Schweizer waren keineswegs die letzten, die sich vom Sog der großen Einwanderungsländer, vor allem Nord- und Südamerikas sowie Australiens, mitreißen ließen, um in diesen neuen Welten Kolonien zu gründen. Den letzten großen Aderlaß hatte die Krise der Zwischenkriegszeit ausgelöst.

Diese in erster Linie wirtschaftlichen Beweggründe für die Auswanderung sind lange Zeit aktuell geblieben. Die Art und Weise hat sich gewandelt, der Zwang ist dem freien Entschluß und eigener Unternehmungslust gewichen: Die Bauern, die in den letzten Jahren nach Kanada oder Paraguay gezogen sind, haben dies zwar immer noch aus wirtschaftlichen Gründen getan, doch unter unvergleichlich besseren materiellen Bedingungen als ihre Vorläufer im 18. und 19. Jahrhundert. Heute wandern auch viele Schweizer aus neuartigen beruflichen Beweggründen aus, deren Ursprung in der zunehmend weltumspannenden Tätigkeit der Wirtschaft zu suchen ist: Sie machen eine Auslandskarriere im Dienst großer Schweizer Unternehmen, welche oft den überwiegenden Teil ihres Umsatzes jenseits der Landesgrenzen erzielen.

Doch zum Glück läßt sich die Wirklichkeit nicht in ein derart starres Schema pressen: Unzählige Schweizer sind aus ganz andern Gründen ausgewandert, aus Fernweh, reiner Abenteuerlust, Hals über Kopf nach einer Enttäuschung oder nach reiflicher Überlegung, aus persönlichen Motiven also, die in Statistiken höchstens unter der Rubrik «Verschiedenes» zusammengefaßt werden können.

Jedenfalls sind heute, Ende 1989, 456 025 Schweizer bei ihren Botschaften oder Konsulaten im Ausland gemeldet. (Davon sind 306 133 oder 67 Prozent Doppelbürger. Gegenüber 1986 ist die Zahl der Auslandschweizer damit um 54 267 gestiegen, dies vor allem wegen der Revision des Bundesgesetzes über den Erwerb oder Verlust des Schweizer Bürgerrechts, das Mitte 1985 in Kraft getreten ist.) Die meisten, über 240 000, hat der Drang in die Ferne nicht über die Grenzen des Alten Kontinents hinausgelockt. In der Neuen Welt leben gegenwärtig 115 000, in Australien/Ozeanien und Afrika je 17 000 sowie in Asien 12 000 Eidgenossen. Die größte Auslandschweizerkolonie Europas hat Frankreich (über 100 000), vor der Bundesrepublik Deutschland mit 50 000 und Italien mit 20 000 Schweizer Bürgern. In Übersee findet sich das stärkste Kontingent in den Vereinigten Staaten (50 000), gefolgt von Kanada, Australien, Argentinien und Brasilien.

«Expatriez-vous!»

Würden die Auslandschweizer einen Kanton bilden, stünde er in der Schweizer Rangliste von der Einwohnerzahl her auf dem fünften Platz. Es hat sich eingebürgert, von den Auslandschweizern in Anspielung auf die vier Sprachgemeinschaften als «Fünfter Schweiz» zu sprechen. Deren Rolle und Bedeutung wird im allgemeinen weder von der Bevölkerung noch von den Behörden richtig eingeschätzt. Von der klaren Anerkennung und Dankbarkeit, die andere Nationen ihren Bürgern im Ausland zollen, ist bei uns wenig zu spüren. Kein Vergleich etwa mit Frankreich, das seine Bürger offiziell auffordert, im Ausland zum höheren Ruhme der Grande Nation beizutragen. So hat 1986 der Außenminister der Regierung Chirac, Jean-Bernard Raimond, einen bewegenden Appell an die Franzosen gerichtet: «Expatriez-vous!» – Geht hinaus in die Welt! Dies, nachdem er festgestellt hatte, daß nur 2,5 Prozent seiner Landsleute fremdes Brot der heimatlichen Baguette vorziehen, gegenüber acht von hundert Briten und Japanern, zehn Italienern und – zwölf Schweizern. Dabei hatte sich der Minister in seinem Elan allerdings verrechnet: In Wirklichkeit stellen die Auslandschweizer «nur» sieben Prozent der Schweizer Bevölkerung.

Im Ausland stößt der Schweizer häufig auf Schilder, Namenszüge und Signete, die ihn an seine Heimat erinnern, wie hier in den Vereinigten Staaten (rechts) oder in La Paz, Bolivien. Wen hätten solche Zeichen schweizerischer Präsenz in der Welt nicht schon einmal gefreut, amüsiert oder vielleicht geärgert? Unternehmen können übrigens den Besitzer wechseln und trotzdem ihren «exotischen» Firmennamen behalten; dann ist der Bezug zwischen der kommerziellen Verwendung des Labels «Schweiz» und dem Alpenland gelegentlich weit hergeholt oder überhaupt nicht mehr vorhanden. Häufig steht der Begriff für die Qualitäten, die man dem Volk der Hirten und Uhrmacher weltweit zubilligt.

Während die Schweizer rund um den Erdball alle nur erdenklichen Tätigkeiten ausüben, sind sie doch für einige Bereiche besonders bekannt. Das gilt beispielsweise für Gastgewerbe und Hotellerie: Die Liste der Häuser, in denen ein Eidgenosse in der Küche das Zepter führt, könnte sämtliche Seiten dieses Buches füllen und würde es zum internationalen Gourmetführer machen. Das Restaurant von André und Claire Stoppa in Peppermint Grove, Australien, in der Nähe von Perth, dürfte darin nicht fehlen.

Unsere Landsleute in der Fremde haben hart um ihre elementaren Rechte als Schweizer Bürger kämpfen müssen und tun dies weiterhin im Rahmen der 1916 von der Neuen Helvetischen Gesellschaft (NHG) gegründeten Auslandschweizerorganisation (ASO). Deren ausführendes Organ ist das Auslandschweizersekretariat der NHG in Bern. Es sucht die Interessen der Schweizer im Ausland zu verteidigen beziehungsweise unter einen Hut zu bringen, decken sie sich doch bei weitem nicht immer. Darüber hinaus versorgt es sie mit Nachrichten aus der Heimat, richtet das Jahrestreffen aus und spielt eine aktive Rolle bei der Erarbeitung einer auslandschweizerfreundlichen Gesetzgebung.

Letztere muß in gutschweizerisch-gemächlicher parlamentarischer Tradition immer wieder nachgebessert werden. So beraubte beispielsweise der Paragraph, daß sich Auslandschweizer zum Stimmen rechtzeitig im Stimmregister der Heimat- oder ehemaligen Wohngemeinde eintragen lassen und heimkehren mußten, die meisten der Möglichkeit, ihr Recht auch auszuüben. Es ist viel Wasser die Aare hinuntergeflossen, bis sich eine Lösung abzeichnete, die doch dem Laien Ausfluß simpelster Überlegungen zu sein scheint: das briefliche Stimm- und Wahlrecht. Es dürfte in die nächste Gesetzesrevision übernommen werden, welche laut Departement für auswärtige Angelegenheiten vor 1992 erfolgen muß. Man darf also hoffen, daß dieses langwierige Kapitel bald zur allseitigen Zufriedenheit abgeschlossen werden kann.

Gesprächsstoff

Trotzdem wird den Vertretern der Fünften Schweiz der Gesprächsstoff bei ihrem Jahreskongreß in der Heimat nicht ausgehen. Da bleiben ja immer noch die Schweizerschulen und die AHV, um nur die langlebigsten Themen zu erwähnen. In den letzten Jahren sind die 700-Jahr-Feier der Eidgenossenschaft als wahrer Fortsetzungsroman und all die Fragen hinzugekommen, die sich mit der wachsenden europäischen Integration stellen. Man glaube jedoch nicht, die Auslandschweizer verbrächten ihre Zeit damit, nur Forderungen an die Heimat zu richten und deren Undankbarkeit zu beklagen. In Tat und Wahrheit kümmern sie sich gar nicht groß darum.

Den einen sind die Grundlagen ihrer realen Beziehungen mit Helvetia ziemlich gleichgültig; sie haben ein Kapitel abgeschlossen, leben ihr Leben anderswo, ja sind dort selbst geboren, als Auslandschweizer zweiter oder dritter Generation. Häufig Doppelbürger, tragen sie ihre Schweizer Herkunft als exotisches Beiwerk. Andere pflegen mit Feuereifer das Jodeln, feiern Schützenfeste, machen im Schweizerverein mit und verherrlichen oft ein – falsches – Idealbild der intakten Heimat.

Die meisten jedoch stehen irgendwo in der Mitte. Sie schwingen zwar nicht bei jeder Gelegenheit die rote Fahne mit dem weißen Kreuz, haben aber dennoch eine besondere Beziehung zu dem Land, das sie hinter sich gelassen haben. Wenn sie daran denken, dann häufig mit einem Stich Heimweh, selbst wenn sie lauthals verkünden, sie könnten nicht mehr in dieser Enge existieren. Und auch wenn sie in den Tropen leben, fiebern sie innerlich mit, wenn Vreni Schneider, Pirmin Zurbriggen und all die andern Schweizer Skiasse von Medaille zu Medaille gleiten. Und manch einer verfolgt auch in der Ferne aufmerksam, ob denn nun Grasshoppers oder Xamax Schweizer Meister wird.

Wir haben versucht, den Alltag, die Lebenswirklichkeit dieser Fünften Schweiz ein bißchen genauer kennenzulernen, und es ist nun an der Zeit, die Herausforderung, die wir damit angenommen haben, exakter zu umreißen. Um ein Bild dieser so vielfältigen und verschiedenartigen Gemeinschaft zeichnen zu können, galt es, die in der ganzen Welt verstreuten Schweizer aufzusuchen, ihr Vertrauen zu gewinnen, sie zu beobachten, ihnen zuzuhören und jene auszuwählen, deren Lebensweg vielleicht ungewöhnlich, in jedem Fall aber irgendwie typisch war. Dabei wollten wir die wichtigsten Facetten dieser Fünften Schweiz darstellen; und hier denken wir sowohl an die humanitäre Tradition wie an jene der Söldner, an die Bauern und Arbeiter, die ihr Glück in der Ferne suchten, wie an die Missionsbewegungen, das diplomatische Korps und die Heimatvereine. Diesen kollektiven Schicksalen haben wir einige Lebenswege aus Gegenwart und Vergangenheit beigesellt, welche einen Umweg lohnend erscheinen ließen ...

Sie sind praktisch allgegenwärtig, in über hundertsiebzig Ländern, und es gibt nur gerade eine Handvoll Staaten, etwa Pazifikinseln, die von dem in alle Himmelsrichtungen drängenden Wandertrieb des *Homo helveticus* verschont geblieben sind. Eine Auswahl war unumgänglich, obwohl wir geographisch einen einigermaßen repräsentativen Querschnitt zu vermitteln suchten. Von Wisconsin bis Neuseeland, von Brasilien bis Singapur, von Spanien bis Kolumbien haben wir die meisten Regionen «abgedeckt», in denen Schweizer Wurzeln geschlagen haben. In Afrika und Asien sind wir aber auch den Nomaden unter den Auslandschweizern gefolgt: Entwicklungshelfern, Rotkreuzdelegierten, Diplomaten.

Von fetten Weiden ...

Sie machen alles und jedes, aber nie einfach irgendwie, und deshalb hat man sie häufig gern. Das ist auch der Grund, wieso viele von ihnen Erfolg haben. Arbeitsamkeit, Qualitätsarbeit, das sind Schweizer Tugenden, die sich im Ausland gut verkaufen. Mit der unausweichlichen Begleiterscheinung einer gewissen Phantasielosigkeit, die man ihnen gelegentlich leise vorhält. Sie sind Bauern in Neuseeland, Neukaledonien oder Patagonien, in den Vereinigten Staaten, in Kanada, Brasilien oder anderswo, und überall haben sie einen Riecher für die fettesten Weiden oder schaffen sie in ein paar Generationen. Sie pflanzen Reben in Australien oder Südafrika, Obstbäume in Niger oder Ruanda. Sie bauen Brücken in Nordamerika, U-Boote in Chile, Seilbahnen in allen Ecken der Welt. Sie missionieren in Afrika, Japan, Amazonien. Sie kochen in Viersternhotels, treiben Handel im Zeichen der Windrose und forschen in allen vier Himmelsrichtungen. Sie entwickeln den Tourismus in Kenia, machen Politik in Argentinien oder Vermont, anderswo Brot, Schokolade oder Filme. Sie helfen hier oder dort und machen überall Geschäfte. Die Liste menschlicher Tätigkeiten ließe sich fortsetzen bis zur Pensionierung: Es gibt wenig, was Schweizer im Ausland nicht unternommen hätten.

... und mageren Äckern

Zwei Präzisierungen drängen sich auf. Erstens: Bei weitem nicht alle Schweizer im Ausland haben ihr Glück gemacht. Manche sind beispielsweise im letzten Jahrhundert in Brasilien statt in das versprochene Paradies in eine Situation geraten, die sich kaum von Sklaverei unterschied. Und jene, die in der Krisenzeit der dreißiger Jahre, ermutigt vom Bundesrat, nach Lateinamerika auswanderten, taten dies häufig unter den schlechtesten Bedingungen und waren bald einmal völlig mittellos. Tatsächlich sehen sich die Botschaften und Konsulate in Südamerika am häufigsten mit der Aufgabe konfrontiert, Landsleuten unter die Arme zu greifen, die beim Aufbau einer Existenz Schiffbruch erlitten haben. Bitter wird das zumal, wenn Nachkommen heimgeschafft werden müssen, die nicht einmal einer unserer Landessprachen kundig sind.

Zweitens: Auslandschweizer werden im allgemeinen überall mit offenen Armen empfangen. Eigentlich finden nur die Liechtensteiner, es habe allmählich genug Schweizer im Ländle! Doch was für das eine Fürstentum gilt, trifft schon beim nächsten nicht mehr zu. Jedenfalls nicht bei Monaco, einem auch von Schweizern geschätzten Steuerparadies, wo man ihre Freundschaft erwidert.

Der Gründer Kaliforniens
Auf Sutters Spuren

Er hieß Johann August Suter und ging unter dem Namen John Sutter (sprich: Dschan Satter) mit Doppel-t in die Geschichte ein. Biographen mit einem Sinn für Kompromisse nennen ihn Johann Sutter, gestehen ihm den Titel eines Generals zu oder degradieren ihn zum Obersten. Der Richtigkeit halber sei festgehalten, daß er bis zur Flucht aus der Schweiz überhaupt nicht Offizier war, sich aber beim Betreten amerikanischen Bodens «Hauptmann» nennen ließ. Ungeachtet der Truppen aus Fleisch und Blut, die er später anheuerte und befehligte, entsprangen seine sich folgenden Beförderungen in erster Linie der eigenen fruchtbaren Phantasie. Da ist es nicht erstaunlich, daß der Schweizer Dichter Blaise Cendrars in ihm eine verwandte Seele fand und sein Schicksal in den Roman *Gold* verwob, mit dem er sein eigenes literarisches Glück machte.

Diese abenteuerliche Gestalt des letzten Jahrhunderts steht hier an erster Stelle, weil Sutter im Zusammenhang mit der Auswanderung zweifellos die geschichtlich bedeutsamste Rolle aller Auslandschweizer gespielt hat. Tatsächlich steht er am Anfang einer der größten «Völkerwanderungen» der Menschheitsgeschichte, des berühmten *gold rush* in der Mitte des letzten Jahrhunderts, als Hunderttausende auf der Suche nach Gold in den amerikanischen Westen drängten. Er hatte das heutige Sacramento als Nueva Helvecia gegründet, und es sollte – nachdem einer seiner Mitarbeiter auf seinem Land die ersten Nuggets gefunden hatte – die Hauptstadt des heute bevölkerungsmäßig größten und wirtschaftlich bedeutendsten amerikanischen Bundesstaats werden.

Was bleibt ein Jahrhundert nach dem Tod des unglückseligen Pioniers von seinem Werk? Was weiß man in Amerika von ihm, was hat er für Spuren hinterlassen? Um das in Erfahrung zu bringen, sind wir seinem Weg nach Sacramento gefolgt.

Der beste Führer

Der Roman *Gold* von Blaise Cendrars ist der attraktivste, wenn nicht beste Führer zur Gestalt Sutters geblieben, obwohl er viele Irrtümer enthält, die man dem Schreiber nachsieht, weil er Dichter und nicht Historiker ist. Wen die künstlerische Unschärfe stört, sollte sich an eine der vielen Monographien halten. *Gold* zeichnet das tragische Schicksal des armen Mannes, der es zu Reichtum und Macht gebracht hat, aber durch den Schatz auf seinen Ländereien wieder ruiniert wird. Dieser Widersinn, der Aufstieg und Fall des Helden, der vom selbst ausgelösten Wirbel der Geschichte erfaßt und vernichtet wird, das alles ist der Stoff für ein Drama von geradezu klassischer Größe. Das Auf und Ab im Schicksal der Hauptfigur – Prahlhans, Schwindler und Visionär zugleich –, seine Verstrickungen in anrüchige Geschichten, das alles mußte Blaise Cendrars faszinieren, und er verwob es denn auch zu einem Meisterwerk. Doch lassen wir die Literatur und wenden wir uns dem Führer zu.

Flucht und Konkurs

Johann August Suter kam am 23. Februar 1803 im badischen Kandern, unweit von Basel, zur Welt, wo sein Vater eine Papierfabrik besaß. Sein Großvater war aus der Basellandschäftler Juragemeinde Rünenberg in die Stadt am Rheinknie gezogen, wo er eine Papeterie eröffnete. 1826 heiratete Johann August eine Tochter aus der Burgdorfer Bürgerschaft. Die Verbindung wurde am Tag nach der Trauung mit Nachwuchs gesegnet, in dem protestantisch-strengen Emmentaler Städtchen dazumal ein Skandal. Suter eröffnete einen Tuch- und Kurzwarenladen, doch die Geschäfte verschlechterten sich trotz finanzieller Unterstützung durch die Schwiegereltern zusehends. Im Frühling 1834 verzog er sich nach Frankreich, seine Frau, fünf Kinder und einen Schuldenberg zurücklassend. Als der betrügerische Konkurs eröffnet wurde und die Berner Polizei einen Haftbefehl erließ, hatte er sich in Le Havre bereits für die Neue Welt eingeschifft.

Im New Yorker Schmelztiegel

Am 7. Juli 1834 kommt Johann August in New York an. Lange verweilt er dort nicht, offenbar bestrebt, noch mehr Abstand zu seinen Gläubigern zu gewinnen; jedenfalls hinterläßt er in diesem Schmelztiegel der amerikanischen Nation keine Spuren.

Er zieht gegen Westen, durch Pennsylvanien und Ohio, läßt sich in Saint Louis nieder, wo er den entwurzelten Edelmann spielt, dann im benachbarten Saint Charles am Zusammenfluß von Missouri und Mississippi. Alle Abenteurer und Reisenden, deren Gesellschaft er sucht, finden in Suter, mittlerweil Captain Sutter geworden, einen besonders aufmerksamen Zuhörer. Er sammelt begierig alle Nachrichten über die kaum bekannte Weite, den Wilden Westen. Er ist wie besessen von diesen beinahe mythischen Landstrichen, deren Schilderung so vielversprechend ist.

Es hält ihn nicht mehr. Er hat zwar keinen Pfennig, doch er kann gut reden und überzeugt französische Händler, ihn bis Santa Fé in Neumexiko mitzunehmen. Ein Freund schenkt ihm sogar Lebensmittel und verschiedene Gegenstände als Tauschwaren. Die große Karawane wird ein voller Erfolg. Nach sechs Monaten kehrt Sutter mit einem Halbdutzend Maultieren zurück, die er laut eigenem Bekunden gegen Ramschwaren getauscht hat.

Treck nach Santa Fé

Nun verkündet er überall – und die Leute hören ihm begierig zu –, daß er im kommenden Frühjahr eine eigene Karawane nach Santa Fé zusammenstellen werde. Durch die Aussicht auf schnellen Gewinn angelockt, begleiten viele Hauptmann Sutter und seine Eskorte von zwölf Deutschen. Die vier Planwagen stoßen in Independence auf das Gros der Karawane, welche sich auf den Weg nach Neumexiko macht. Der siebenwöchige Treck durch Indianerterritorium endet mit einem wirtschaftlichen Fiasko, denn mittlerweile haben sich die Bedingungen in Santa Fé verändert: Krise, neue mexikanische Zölle, die Konkurrenz anderer Karawanen. Aus Gründen, die nie erhellt werden konnten, gehört Sutter zu den wenigen, die sich mit einem Gewinn aus der Affäre ziehen, während zahlreiche seiner Bekannten und Freunde bei diesem Abenteuer ihr Geld verlieren. Jedenfalls kehrt er diesmal mit einem Trupp von hundert Maultieren nach Saint Louis zurück, was ihm scheele Blicke und allerhand Gerüchte und Verleumdungen einträgt.

Neuer Konkurs

Sutter versucht sein Glück anderweitig; das wird bei ihm nachgerade zur Lebensmaxime. Er läßt sich in Westport am Missouri nieder, unweit von Independence, heute ein Quartier von Kansas City, Missouri. Auf der andern Seite des Stroms liegt Kansas City, Kansas. Damals verläuft hier die Grenze der Vereinigten Staaten. Derjenige, der sich nun «Captain John Sutter, ehemals Schweizer Gardist beim französischen König Karl X.» nennt, kauft eine Handlung in dem vor vier Jahren gegründeten Westport, dessen Zukunft als Ausgangsort für westwärts ziehende Pioniere vielversprechend erscheint. Das Städtchen ist sogar besser plaziert als Independence, weil es direkt am Strom liegt. Die Delaware-Indianer kommen hierher, um Häute, Felle und andere Jagdbeute zu verkaufen ... Sutters erste Begegnung mit Indianern. Lange dauert dieser Kontakt nicht, macht doch der offensichtlich unbegabte Kaufmann Konkurs und beschließt, so schnell wie möglich zu verschwinden.

All seine Unternehmungen sind bisher gescheitert. Einen Augenblick denkt Sutter daran, sich das Leben zu nehmen, doch dann verleiht ihm ein Ziel frischen Mut, das ihn schon lange gefesselt hat: Kalifornien. Man spricht zwar noch kaum von diesen mexikanischen Besitzungen am Pazifik, er meint jedoch genug darüber zu wissen.

Der Oregon Trail

Anfang April 1838 verläßt er Westport, diesen «letzten Außenposten der Zivilisation», überstürzt, zusammen mit zwei Freunden. Er versteckt sich bei den Indianern vor aufdringlichen Gläubigern und wartet dort auf den Planwagenverband der amerikanischen Pelzhandelsgesellschaft, um mit ihm den Kontinent zu durchqueren. Die Expedition besteht aus sechzig Trappers, siebzehn Präriewagen und zweihundert Tieren; außer Sutter und seinen Freunden schließen sich ihr ein reiselustiger Schotte und eine Gruppe Missionare an.

Der Oregon Trail ist von Forts gesäumt; es sind jedoch nicht Militärposten, sondern Handelsstationen, die zum Schutz vor den Indianern, mit denen man Tauschhandel treibt, befestigt sind. Durch die weiten Ebenen des heutigen Nebraskas folgt die Route dem nördlichen Seitenlauf des Platte Rivers. Nach einem Monat erreichen sie Fort Laramie, heute ein Kleinstädtchen im Goshen County, Wyoming, rund hundert Meilen südwestlich von Casper. Keine besonderen Vorkommnisse.

Die Rocky Mountains

Die nächste Etappe, durch das Felsengebirge, wird härter. Es ist kalt, schneit in der Höhe, der Regen überschwemmt die Lager; man muß die Planwagen ausspannen, um den reißenden Fluß überqueren zu können. Dann schlägt das Wetter um; jetzt macht den Pionieren vor allem die Hitze zu schaffen. Anfang Juli erreicht die Trapperkarawane ihr Ziel, einen Treffpunkt am Wind River, unweit der kontinentalen Wasserscheide. Jetzt übernimmt die Hudson Bay Company den Konvoi. Der amerikanische Unabhängigkeitstag wird fröhlich begossen. Sutter hat zu seiner alten Form zurückgefunden und schlägt mit seinem Charme und seiner Beredtheit die Jäger, Fallensteller und andern Expeditionsteilnehmer in Bann. Sein Ansehen wächst stetig, und bei jeder Etappe wird er zu einer bedeutenderen Persönlichkeit, die vom Leiter des Postens oder der Missionsstation gebührend empfangen wird.

Ende Juli erreicht die Schar Fort Hall am Snake River; die Anlage ist im gleichnamigen Indianerreservat, in der Nähe von Pocatello im Bundesstaat Idaho, noch immer erkennbar. Am 15. August wird der Treck weiter flußabwärts, in Fort Boise, mit einem Festmahl empfangen, eine willkommene

In der kalifornischen Hauptstadt Sacramento fehlt es nicht an Ehrenbezeugungen für den Gründer der Stadt. Als letztes Beispiel ist 1987 vor dem General Sutter Hospital eine drei Meter hohe Bronzestatue eingeweiht worden. Die hier abgebildete Gedenktafel wurde für den hundertsten Jahrestag der Stadtgründung geschaffen: Im August 1839 hatte Sutter sich hier niedergelassen, um eine Kolonie zu gründen. Fünf Jahre vorher war er aus dem bernischen Burgdorf weggegangen – vielleicht ist deshalb der Bär auch das Wappentier Kaliforniens!

Abwechslung nach drei Monaten Büffelfleisch. Die Reisenden trennen sich. Nur Sutter und seine persönliche Eskorte – die allerdings von Etappe zu Etappe beträchtlich angewachsen ist – ziehen weiter. Durch die Blue Mountains stoßen sie an den Columbia River vor, der heute die Grenze zwischen Oregon und Washington bildet. Sie machen in Fort Walla Walla halt, dann in den Missionsstationen The Dalles und Willamette. Sutter macht einen guten Eindruck und heimst zahlreiche Empfehlungsschreiben ein, die ihm äußerst dienlich sein werden. Ein letztes Stück im Einbaum auf dem Willamette River, und sie erreichen Fort Van Couver am Ufer des Columbia Rivers, Hauptquartier der Hudson Bay Company an der Pazifikküste. Die sechzig Meilen von der Mündung des Flusses gegenüber Portland (Oregon) entfernte Stadt im Bundesstaat Washington heißt heute Vancouver, darf aber nicht mit dem viel bekannteren Vancouver an der Südwestecke der kanadischen Provinz Britisch-Kolumbien, etwa 400 Kilometer weiter nördlich, verwechselt werden.

Abstecher nach Honolulu ...

Sutter wird wie ein Ehrengast empfangen, lehnt es jedoch ab, den Winter im Fort zu verbringen. Er möchte endlich nach Kalifornien, und zwar der Küste entlang. Man bringt ihn davon ab, die Indianer seien zu gefährlich. Und Schiffe fahren in nächster Zeit keine nach Süden. Hingegen gibt es regelmäßige Verbindungen zwischen den Sandwichinseln und Kalifornien, und in den nächsten Tagen wird ein Segler der Hudson Bay Company in See stechen. Sutter packt die Gelegenheit beim Schopf und schifft sich mit zwei Gefährten ein. Sandwich Islands ist übrigens nur der alte Name des Hawaiiarchipels, der sechzig Jahre zuvor von Thomas Cook entdeckt worden war, mitten im Pazifik, 3000 Kilometer von der kalifornischen Küste entfernt. Ein hübscher kleiner Umweg.

... und Alaska

Einen Monat später ist Sutter in Honolulu, wird überall herumgereicht und bald einmal zur Lokalgröße. Trotzdem hat er nicht aufs richtige Pferd gesetzt, denn auch nach vier Monaten ist noch immer kein Schiff nach Kalifornien in Sicht. Ein amerikanischer Kaufmann, der Gefallen an ihm gefunden hat, zieht den Schweizer «Hauptmann» aus der Affäre, indem er einen Frachter chartert, der Waren in die russische Kolonie Sitka in Alaska bringen soll. Sutter kann als Bewacher mitfahren und das Schiff nachher nach Kalifornien hinunterbringen. Er ist überglücklich. Natürlich ist der Umweg noch größer als vorgesehen, aber was soll's, wenn er später unbeschadet Kalifornien erreichen wird: Dank seiner Beziehungen hat er sich eine Eskorte von einem Dutzend Kanaken und einigen Weißen sowie einen Hund, Kanonen und verschiedene Handfeuerwaffen beschaffen können.

Die *Clémentine* sticht Ende April 1839 nach Sitka in See, wo es Sutter nicht lange hält, obwohl er laut seinen *Erinnerungen* den feuchtfröhlichen Aufenthalt bei den Russen durchaus zu schätzen wußte. Sobald er die Waren abgeliefert und seine Aufgabe erfüllt hat, nimmt er Kurs nach Süden. Dank der Kopie einer Karte der kalifornischen Küste, die ihm der russische Gouverneur mitgegeben hat, findet er im Gegensatz zu vielen andern die Einfahrt zur Bucht von San Francisco, Golden Gate, auf Anhieb. An diesem 1. Juli 1839 heißt die Goldene Pforte allerdings noch nicht so, und Franziskus ist nur der Schutzheilige des kleinen Hafens Yerba Buena. Mexikanische Funktionäre, deren Überzeugungskraft durch eine Schwadron Soldaten verstärkt wird, verbieten Sutter und seinen Begleitern die Landung, da Yerba Buena kein Zollhafen ist. Erst zwei Tage später und einige Dutzend Meilen südlicher, im Hafen der Provinzhauptstadt Monterey, betritt Captain Sutter mit beiden Beinen den Boden und damit die Geschichte Kaliforniens.

Die Goldene Pforte

Westport hatte er vor fünfzehn Monaten verlassen, und seit seiner Ankunft in New York waren fünf Jahre vergangen. Dieser lange Weg ist etwas in Vergessenheit geraten und verdient es, wieder einmal erwähnt zu werden. Denn von nun an ändert sich vieles. Wenn manche Historiker nicht zögern, die Geschichte der Vereinigten Staaten an der Westküste mit dieser Einfahrt Sutters im Golden Gate beginnen zu lassen, steht zumindest fest, daß Sutters Leben von nun an untrennbar mit der Geschichte der West Coast verbunden, öffentlich und besser bekannt ist. Deshalb wollen wir uns auf die wichtigsten Ereignisse beschränken.

Nach der Landung präsentiert Sutter als erstes dem Gouverneur Alvaredo, dem Oberbefehlshaber Vallejo und andern einflußreichen Persönlichkeiten einige seiner wertvollen Empfehlungsschreiben. Das verschafft ihm in jedem Sinne viel Kredit. Niemand nimmt sich die Mühe, nachzufragen, wie es wirklich um die glorreiche Vergangenheit dieses hochgestellten Mannes bestellt sei. Er ist da, in seiner ganzen Überschwenglichkeit, und in Zukunft wird mit ihm zu rechnen sein. Manche betrachten ihn als lästige Konkurrenz, andere wollen von ihm profitieren. Der gewitzte Hochstapler läßt sich nicht für dumm verkaufen und gedenkt sich das zunutze zu machen. Doch er will Ellbogenfreiheit und beschließt, ins Tal des Sacramento River, mitten im bewaldeten Indianerland, zu ziehen. Hier wird er seine Kolonie Nueva Helvecia, Neu-Helvetien, gründen.

Der Sacramento River

An der Spitze einer kleinen Flotte, die aus seinem Flaggschiff, einer Pinasse, einem von einem Händler in Yerba Buena gemieteten Schoner und einer Schaluppe bestand, fuhr Sutter den in die Bucht von San Francisco mündenden, von Norden kommenden Sacramento River und dann dessen Nebenlauf Rio de los Americanos hinauf. Die Gegend erwies sich als wenig einladend, doch die erste Begegnung mit zweihundert kampfbereiten Indianern gab den Ton an: Sutter verbot seinen Männern, von den Waffen Gebrauch zu machen, und ging den Eingeborenen mit bloßen Händen entgegen. Dank seiner Erfahrungen mit den Delaware-Prärieindianern verstand er es, die hier ansässigen Stämme zu seinen treuesten Freunden zu machen.

Die ganze Gesellschaft landete am 13. August 1839 mitten in der Wildnis an der Stelle, die dem untern Ende der 28. Straße in der heutigen Hauptstadt Kaliforniens, Sacramento, entspricht. Nachdem Sutter die Umgebung erkundet hatte, wählte er einen etwa eine Meile entfernten Hügel als definitiven Standort. In Stampfbauweise wurde ein Lehmziegelhaus mit drei Zimmern und Strohdach erstellt, das anfänglich von Laubhütten umgeben war und später abbrannte.

Fort Sutter

An seiner Stelle verwirklichte Sutter in der Folge einen alten Traum: ein Fort mit dreizehn Fuß hohen Wehrmauern und zwei Geschütztürmen. Es gehört heute zu den wichtigsten Sehenswürdigkeiten, ist es doch das bedeutendste Zeugnis aus dem Leben des Gründers und der Anfänge der Stadt. Da die berühmte Festung im Lauf der Zeit schwer beschädigt worden war, ist sie anhand zeitgenössischer Stiche teilweise rekonstruiert worden. Von den ursprünglichen Bauten blieb nur das Haupthaus mit seinen dicken Mauern erhalten; dennoch bietet die ganze Anlage dem Besucher ein lebendiges Bild des Alltags in der Pionierzeit. In den zeitgemäß nachgebauten Werkstätten und Ställen demonstrieren kostümierte Freiwillige Handwerk und Kriegskunst von anno dazumal. Im bescheidenen Eintrittspreis für das Fort ist der Besuch eines Indianermuseums inbegriffen.

Um an die Westküste zu gelangen, folgte Sutter dem berühmten Oregon Trail, und wenn man heute seinen Spuren nachgeht, werden die bewegten Jahrzehnte des Wilden Westens und des Goldrausches wieder lebendig. Zu den Denkmälern dieser heroischen Epoche gehört die Sägerei in der Nähe von Placerville, Kalifornien. Als der Zimmermann James Marshall sie für Sutter baute, stieß er 1848 auf die ersten Goldnuggets, die in der ganzen westlichen Welt ein beispielloses Goldfieber auslösten, das zum Ruin seines Chefs führte.

In Kalifornien bewies Sutter außergewöhnliches Führungs- und unternehmerisches Geschick: Was er in wenigen Jahren aus diesem Hinterland machte, in dem außer den Indianern niemand leben wollte, hat die Phantasie der Biographen zu Recht beflügelt. Das Wetter allerdings spielte selten mit, Ernteausfälle und Viehverluste führten dazu, daß er seinen finanziellen Verpflichtungen häufig nicht nachkommen konnte und sich viele Feinde machte. Daß er eine Festung gebaut und den Russen vor der Nase der Mexikaner ihre kalifornischen Vorposten Fort Ross und Bodega abgekauft, zahlreiche amerikanische Auswanderer und einige ausländische Vertreter – denn die europäischen Mächte begannen sich für diese Ecke der Welt zu interessieren – empfangen hatte, das alles trug ihm in den Augen mexikanisch-kalifornischer Patrioten den Ruf eines gefährlichen Mannes ein.

Militärisches Abenteuer

Zwar hatte er nach einem Jahr seine Einbürgerung erreicht und war nun Don Juan Augusto Sutter; ein Jahr später folgte die offizielle Schenkungsurkunde für die Ländereien, die er bewirtschaftete. In diesem Dokument, heute «New Helvetia Grant» genannt, sind die natürlichen Grenzen vermerkt, innerhalb deren er ein Rechteck von elf Wegstunden (44 km) Seitenlänge, also rund zweitausend Quadratkilometer, sein eigen nennen konnte. 1844 schließlich, als Mexiko ein Übergreifen der texanischen Unabhängigkeitsbestrebungen befürchtete und den Gouverneur Kaliforniens mit der Bildung von Bürgerwehren zur Verteidigung des Vaterlandes beauftragte, wurde Sutter zum Kommandanten der Region Sacramento ernannt und erhielt damit endlich einen echten militärischen Grad. Er nutzte ihn für ein operettenhaftes kriegerisches Abenteuer, mit dem er beim Gouverneur eine zusätzliche Schenkung durchsetzten konnte, die sein Territorium auf sechstausend Quadratkilometer anwachsen ließ, bevor er in Los Angeles gefangengenommen wurde und zerknirscht nach Neu-Helvetien zurückkam, wo in Abwesenheit des Meisters alles drunter und drüber gegangen war.

Sutter besaß nun ein eigentliches Königreich, doch war er gleichzeitig immer stärker verschuldet und immer weniger «Herr des Hauses». Die Einwanderer drängten sich im Winter in seinem Fort: Er hatte sich ihnen gegenüber allzulange viel zu großzügig erwiesen und nur geringen Dank geerntet. Um etwas Ruhe zu haben, gründete er einige Meilen vom Fort entfernt Sutterville als eine Art Auffanglager für die Siedler, die von Osten in Planwagentrecks oder direkt aus Europa – mit Kap-Hoorn-Seglern kommend – ins Land strömten. Alle Strategen, die den Konflikt zwischen Mexiko und den Vereinigten Staaten auf kalifornischem Boden als unvermeidlich voraussahen, betrachteten Fort Sutter als Schlüssel für Nordkalifornien. Wer es besaß, war wirklich der König und Herr der Lage. Als schließlich die kalifornischen Aufständischen und die US-Einwanderer die Vertreter Mexikos in deren Hauptquartier Sonoma absetzten und gefangennahmen, erfolgte dieser Blitzkrieg vom Fort in Sacramento aus, und es war Sutter, dem sie ihre Gefangenen auslieferten.

Das Sternenbanner

Im Juli 1846 lief das amerikanische Pazifikgeschwader im Hafen von Monterey ein, um eine mexikanische Kolonie zu «befreien», die dies eigentlich bereits selbst getan hatte. Kampfhandlungen blieben aus, und nach einigen Tagen des Nachdenkens wurde das Sternenbanner gehißt. Man brachte die amerikanische Flagge unverzüglich nach Neu-Helvetien, und Sutter ließ sie unter Salutschüssen an der Fahnenstange hochziehen. Nordkalifornien ging so aus den Händen Sutters in den Besitz der Amerikaner über, und diese konnten ihre militärischen Operationen auf den Süden konzentrieren, die stark spanisch-mexikanisch geprägte Region um Los Angeles, die hartnäckig Widerstand leistete.

Im Winter 1847 kam es zum tragischen Ende des Donner-Siedlertrecks, einer Hundertschaft Männer, Frauen und Kinder, die sich zuerst in der glühendheißen Wüste Nevadas verirrten und dann beim Überqueren der Rockies vom Schnee überrascht wurden. Durch zwei bis aufs Skelett abgemagerte Teilnehmer alarmiert, die sich durchgekämpft hatten, rüstete Sutter nacheinander zwei Rettungskolonnen aus, denen es gelang, jene fünfzig Pioniere zu retten, welche überlebten, indem sie sich von den Leichen ihrer verhungerten Gefährten ernährt hatten.

Es ist etwas faul im Königreich

Der Krieg mit Mexiko war vorbei. John A. Sutter, nun Bürger der Vereinigten Staaten, war er teuer genug zu stehen gekommen, ohne daß er je entschädigt worden wäre. Er hatte noch mehr Schulden, war aber immer noch Herr von Neu-Helvetien. Da er seine Leute nicht bezahlen konnte, deckten sich jene, die sich um seine Güter kümmerten, wie die Kock-Farm, Hock oder weiter nördlich Mimal, mit Naturalien ein. Es war etwas faul in diesem Königreich, wenn auch – man muß es leider sagen – mit dem wohlwollenden Einverständnis des Königs, der einmal mehr die Flucht nach vorn ergriff, um seine finanziellen Sorgen loszuwerden. Und zwar plante er zum einen eine riesige, fünf Meilen vom Fort entfernte Getreidemühle, zum andern fünfzehn Meilen weiter bergauf eine Sägerei, von wo das Holz auf dem Rio de los Americanos nach Sacramento geschifft werden sollte.

Diese neue Tollheit Sutters gründete in seiner Überzeugung, der neue Staat habe einen gewaltigen Bevölkerungszuwachs zu erwarten, was eine starke Nachfrage nach Mehl und Bauholz nach sich zöge. Außerdem mußte die Gelegenheit beim Schopf gepackt werden, daß billige Arbeitskräfte in Gestalt von rund hundertfünfzig Mormonen in Fort Sutter gestrandet waren, die bleiben wollten, «bis es in Utah genügend Brot für alle Heiligen» gebe. Partner Sutters bei diesem Geschäft war sein Zimmermann, Säger und Mühlenbauer, James Wilson Marshall...

Die Fortsetzung ist in jedem Lexikon nachzulesen. Am 24. Januar 1848 findet Marshall im Mühlenrad-Kanal der Sägerei, die er in Coloma aufbaut, einige Goldkörner. Vier Tage später stürmt er ins Fort und zeigt Sutter seinen Fund, der gemäß der Anweisung in seiner *Encyclopedia Americana* den Salpetersäuretest und die Archimedesprobe macht: Es ist tatsächlich Gold, und zwar vierundzwanzigkarätiges! Der König von Neu-Helvetien ahnt die Gefahr sofort voraus: Wenn seine Leute wissen, daß es im Gebirge Gold gibt, werden sie ihre Arbeit liegenlassen, und es wird nichts aus der Sägerei und der Mühle, seinen einzigen Zielen. Er reitet nach Coloma hinauf und läßt alle Zeugen schwören, das Geheimnis wenigstens noch sechs Wochen zu hüten, bis die Sägerei fertig ist...

Der Goldrausch

Keine drei Wochen später waren die ersten Arbeiter davongelaufen, und dann setzte die allgemeine Auflösung ein. Die Mormonen verließen ihren Posten ebenfalls, um die neue Frohbotschaft durch das Beispiel zu verkünden. Sie verbreitete sich wie ein Lauffeuer, und die Zeitungen, welche sie veröffentlichten, mußten bald einmal ihr Erscheinen einstellen: Setzer und Drucker, aber auch die Leser hatten sich auf der Jagd nach dem gelben Metall davongemacht. Die eben keimende Stadt San Francisco leerte sich, der Goldrausch wurde zur unglaublichen Massenhysterie. Alle arbeitsfähigen Männer – aus allen Ständen, vom Farmer bis zum Soldaten und Pfarrer – verließen Hab und Gut, um im Berg zu schürfen, die Nuggets aus dem Sand des

Fort Sutter in Sacramento, ein «National Monument», zieht jedes Jahr über dreihunderttausend Besucher an. 1891, als es dem Staat Kalifornien geschenkt wurde, war es in einem traurigen Zustand. Seither ist es nach Stichen aus der Mitte des letzten Jahrhunderts restauriert und teilweise wiederaufgebaut worden. Das Museum ist lebendig und attraktiv: historisch kostümierte Statisten und Handwerker lösen einander ab, um den Alltag jener Zeit zu zeigen, als Sutter und seine Leute hier alles selbst erzeugten, was man zum Leben brauchte.

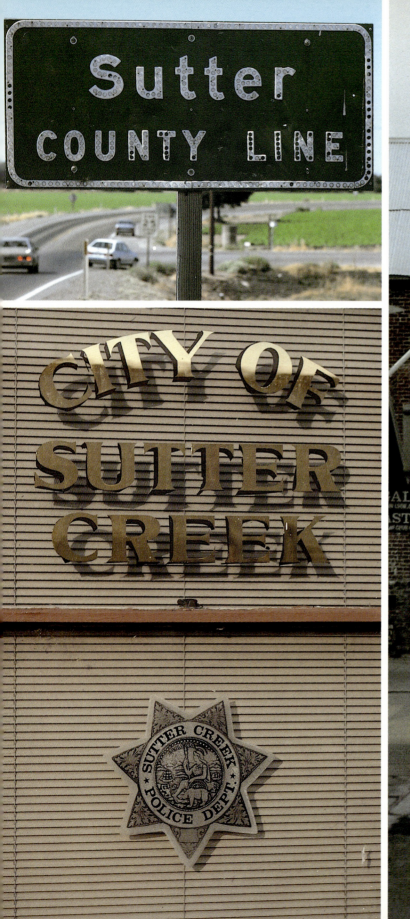

Sutters Name ist in Kalifornien allgegenwärtig: Ein Distrikt, eine Avenue in San Francisco, die Hauptstraße vieler Dörfer und Städtchen, ein Tal, ein Berg, Motels, Garagen, Krambuden aller Art und sogar ein ausgezeichneter Wein aus dem Nappa Valley schmücken sich unter anderem damit.
Sutter Creek (rechts) ist eine typische Stadt des «Golden County».

25

Sacramento River und seiner Zuflüsse zu waschen. Fort Sutter wurde ein Hotel, ein Basar, eine Karawanserei. Man kam von überall her, selbst aus Übersee. Wer in der Welt hatte noch nicht vom Königreich Sutters sprechen hören, dem Gold, das es barg und den märchenhaften Reichtümern, die in Kaliforniens Boden steckten?

Noch vor Ende des Jahres 1848 war der ganze Pazifikraum vom Goldfieber erfaßt: Aus Australien, Chile, Polynesien, Japan, von überall her nahmen die Schiffe Kurs auf Kalifornien. Dann wurde auch die Ostküste der Vereinigten Staaten davon angesteckt: Allein im Januar 1849 brach ein Viertel der Männer Bostons nach dem neuen Eldorado auf. Europa folgte kurz darauf, und es waren Zehntausende, die ums Kap Hoorn segelten, durch Panama an den Pazifik marschierten oder von New York aus in Planwagenkarawanen nach Kalifornien strömten. 1849 sind es vierzigtausend Goldsucher, im nächsten Jahr sechzigtausend, zwei Jahre später hunderttausend. San Francisco, das zu Beginn des *gold rush* fünfhundert Einwohner zählte, wuchs geradezu explosionsartig, mit all den sanitarischen Unzulänglichkeiten, die man sich vorstellen kann, mit Unsicherheit und Gewalt; mehrmals brannte die Stadt nieder.

Zuflucht in der Hock-Farm

Was macht Sutter in diesem allgemeinen Durcheinander? Wie man weiß, hat es ihn ruiniert. Sacramento ist eine Drehscheibe des Goldrauschs, die alle Übel der Welt auf seine Ländereien strömen läßt. Man betrügt und bestiehlt ihn, beschlagnahmt seine Güter, indem man die Rechtmäßigkeit seiner mexikanischen Besitztitel anficht. Das Gebäude, in dem er sie aufbewahrt, wird bald ein Raub der Flammen. Er selbst hat bereits resigniert und wird der Lage nicht mehr Herr. Sein Fort wird verwüstet; er verkauft es und zieht sich in sein Modellgut zurück, die Hock-Farm. Der «Grand Old Man of California» erlebt noch einige erhebende Augenblicke, als er die letzte Sitzung der konstituierenden Versammlung des Staates Kalifornien präsidieren kann und mit dem Ehrentitel eines Generalmajors der kalifornischen Miliz ausgezeichnet wird.

Nachdem sie ihren ältesten Sohn vorausgeschickt hatte, um die Lage zu erkunden – Sutter verträgt sich nicht lange mit ihm –, kommt seine Frau, die er fünfzehn Jahre zuvor in der Schweiz verlassen hat, nun endlich mit den andern Kindern nach. Doch Sutters Lage verschlimmert sich zusehends. Allmählich wird er sämtlicher Güter beraubt: durch ein Heer von Schlitzohren, durch Squatters, die sein Land widerrechtlich unter den Pflug nehmen, durch die Vereinigten Staaten. Er gibt Unsummen für vergebliche Prozesse aus, oft durch das Gerichtsprozedere genötigt. Manchmal erhält er Recht, doch jedesmal muß das Urteil von der nächsthöheren Instanz bestätigt werden, und zwar immer auf seine Kosten.

Enttäuschungen und Ehrungen

Bis zum Ende seiner Tage wird General Sutter – und so darf man ihn, der für Schmeicheleien immer empfänglich war, ja nun endlich zu Recht nennen – ein Wechselbad schlimmster Enttäuschungen und größter Auszeichnungen erleben. Er häuft Ungeschicklichkeit auf Unvorsichtigkeit, vertraut den gerissensten Gaunern, überwirft sich mit seinen besten Verteidigern, unterschreibt im Zustand fortgeschrittener Trunkenheit Dinge, die er nicht einmal liest, so daß er dabei sein letztes Hemd verliert. Und wie viele ehemalige Weidebarone, deren Ranchland bis auf gewisse Wasserstellen nicht grundbuchlich eingetragen, sondern eher gewohnheitsrechtlicher Besitz war, geht er seiner Ländereien verlustig, ja sie werden ihm mit dem Segen des Bundesstaates weggenommen, der keine Lust hat, sich mit den Zehntausenden von

Siedlern anzulegen, die nun als Farmer die neuen Staaten im Westen und Süden besiedeln. Doch bei jeder Gelegenheit wird der alte Pionier Kaliforniens in der Öffentlichkeit als Nationalheld herausgestellt – nichts mag er lieber –, und man bezeugt ihm die offizielle Dankbarkeit.

Die Anerkennung für die Rolle Sutters in der Geschichte Kaliforniens sollte fortleben. Sein Name bleibt mit den Orten verbunden, deren Geschick er anfänglich bestimmte. Unzählige Straßen des Pazifikstaates tragen seinen Namen. Die Überreste aus seiner Zeit sind zu Nationaldenkmälern erklärt worden, und das in ein Museum umgewandelte Fort Sutter empfängt jährlich dreihunderttausend Besucher. Im Oktober 1987 wurde in Sacramento – auf Betreiben des General Sutter Memorial Fund, hinter dem als treibende Kraft der Schweizer Honorarkonsul von Sacramento, Werner Dillier, steckt – eine drei Meter hohe Bronzestatue des New Yorker Bildhauers Spiro Anargyros vor dem General Sutter Hospital aufgestellt. Dillier sucht übrigens auch Geldgeber für einen Film über Sutters Leben.

Im Juni 1865 wird die Hock-Farm eingeäschert; seine sämtlichen kostbaren Dokumente, die angefangenen Memoiren, alles wird ein Raub der Flammen. Die letzten Bindungen Sutters an Kalifornien sind verschwunden, wie einen Monat später der Brand des Burgdorfer Hauses, in dem Sutter gewohnt hatte, die Spuren seines Aufenthalts in dieser Stadt auslöschen wird. Sutter verläßt Kalifornien, das ihm fürs erste eine Rente gewährt, und versucht in Washington eine Wiedergutmachung all der Ungerechtigkeiten zu erlangen, die er erdulden mußte.

Er dachte an einen kurzen Aufenthalt für die Zeit, bis der Kongreß ihm mit einem positiven Urteil Gerechtigkeit widerfahren lassen würde. Dann wollte er in die Schweiz heimkehren, um alte Freunde, Verwandte, die Stätten seiner Kindheit wiederzusehen. Doch eine Kongreßsitzung folgte der andern, sein Fall wurde nicht entschieden, und nach vier Jahren zog er mit seiner Frau in den kleinen Badeort Lititz in Pennsylvania, wo er sich ein Backsteinhäuschen erbauen ließ. Jeden Winter kehrte er nach Washington zurück, um das Kapitol zu belagern – in der Hoffnung, der Kongreß verabschiede endlich die «Sutter Bill». Im Juni 1880 kehrte er nicht nach Lititz zurück: Er war zwei Tage nach Schluß der Kongreßsession gestorben, beim Aufsetzen des Briefes, mit dem er seiner Frau vom neuerlichen Mißerfolg berichten wollte.

New Glarus in Wisconsin
Little Switzerland

New Glarus im amerikanischen Bundesstaat Wisconsin ist wohl diejenige Schweizerkolonie im Ausland, die ihre Herkunft am auffälligsten darstellt: Sie pflegt die heimatlichen Traditionen am eifrigsten – und schlägt daraus auch am meisten Profit. Eine Reise durch diesen Teil Wisconsins ist kaum möglich, ohne daß man gleich merkt, daß hier irgendwo Helvetier Wurzeln geschlagen haben und dies auch bekanntzumachen wissen.

Selbst mit geschlossenen Augen nimmt man sie sofort wahr, ob man nun eine Vorliebe für Ländlermusik hat oder nicht. Ihr entkommt man nicht: sie ist allgegenwärtig, ertönt aus allen Fenstern, widerhallt in allen Straßen, erschallt gedämpft oder dröhnend in jedem Geschäft, ohne von den unzähligen Veranstaltungen zu sprechen, die ihr gewidmet sind. Und das Tonband ist von regelmäßigen und durchaus echt klingenden «grüezi mitenand» durchsetzt!

Wie in Rüti

Wenn Sie die Augen öffnen, glauben Sie zu träumen: Dieses Chalet in schön geschnitztem Holz, jenes Wirtshausschild, das eine Glarner Stube ankündigt, überall Balkone, die unter Geranien einzustürzen drohen, schöne Fassadeninschriften in Frakturbuchstaben, eine Bäckereiauslage mit Brätzeli, Springerli und Fasnachtschüechli... Die Namen der Ladenbesitzer und Straßen, die Fahnen mit dem weißen Kreuz, das Menü im Restaurant: jedes Detail, auf das Ihr Auge fällt, versetzt Sie in die Glarner Alpen, irgendwo zwischen Mollis und Rüti. Bis Ihnen das Sternenbanner beweist, daß Sie wirklich und wahrhaftig in den USA sind, wenn auch in «Little Switzerland», wie sich die Region zur Freude zumindest der Mehrheit ihrer Einwohner nennt.

An Schweizerkolonien fehlt es in den Vereinigten Staaten nicht. Einige Beispiele: New Bern, in North Carolina, bereits 1710 durch Christoph von Graffenried gegründet; Pequea Creek, eine Kolonie von Berner Wiedertäufern, die im gleichen Jahr in Pennsylvania entstand; New Geneva im selben Staat, New Baden in Illinois; Purysburg in South Carolina, wie der Name andeutet, von Jean-Pierre de Pury aus der bekannten Neuenburger Familie gegründet, die auch einen Ableger in Australien hat. Von Purysburg, Schauplatz heftiger Kämpfe im Unabhängigkeits- wie im Sezessionskrieg, sind nur noch die Ruinen eines Friedhofs und einer Kirche übriggeblieben.

Es hat noch andere gegeben. Etwa Vevay im Switzerland County, Indiana, an den Ufern des Ohio Rivers 1802 von den Brüdern Dufour gegründet. Diese Weinbauern aus Le Châtelard versuchten vergeblich, ihre europäischen Reben auf amerikanischem Boden heimisch zu machen. Highland, in Illinois, das anfänglich New Switzerland hieß, eine Siedlung von Luzernern, die nach 1830 aus politischen Gründen verbannt worden waren, wurde zu einem wichtigen Stützpunkt der schweizerischen Einwanderung. Sonnenberg in Ohio ist eine Kolonie von Mennoniten aus Mont-Soleil im Berner Jura. Das pennsylvanische Johnstown erinnert an den deformierten Vornamen des schweizerischen Gründers Joseph Schantz aus der Wiedertäufersekte der Amischen (Amish). Als Bürger von Sainte-Croix muß ich natürlich auch die gleichnamige Stadt an der Grenze von Wisconsin und Minnesota erwähnen, die von den Familien Jaques und Margot gegründet wurde; weiter Berne und Switz City in Indiana, Bern in Kansas, Geneva in Minnesota, einen Steinwurf von einem der unvermeidlichen Lakes Geneva entfernt ... Auf diese keineswegs vollständige Liste gehören auch die rund zweitausend Schweizer, die heute in South Carolina rund um Spartenburg, einer Hochburg der Textilindustrie, leben und für ein Dutzend Schweizer Unternehmen arbeiten, welche in dieser Branche traditionell stark sind.

Die Krise der Textilindustrie

Ausgerechnet die Krise der traditionellen Textilmanufaktur war es, die im 18. Jahrhundert, zusammen mit einer sprunghaften Zunahme der Bevölkerung, hundertdreiundneunzig Glarner mit dem Segen und der Unterstützung des Staates zur Auswanderung zwang. Nach einer genau viermonatigen Reise erreichten hundertachtzehn von ihnen das fruchtbare Tal des Little Sugar River, im Süden von Wisconsin. Nicht zum erstenmal hatten ganze Familien ihre heimatlichen Dörfer Diesbach, Matt, Ennetbühl oder Ennenda ohne Hoffnung auf eine Rückkehr verlassen; zu kleineren Aderlässen war es bereits 1693, 1712 und 1760 gekommen, damals in Richtung Preußen, Baltikum und Rußland. Von 1820 an zwang der Hunger immer mehr Schweizer aus wirtschaftlicher Not zur Auswanderung, und zwar in beinahe allen Landesgegenden. Der amerikanische Kontinent war das beliebteste Ziel, insbesondere die Vereinigten Staaten, und der Auswanderungsstrom nahm in den folgenden Jahrzehnten noch zu: Laut Statistik zogen zwischen 1846 und 1932 über dreihundertdreißigtausend Schweizer ins Land der unbegrenzten Möglichkeiten.

Die Saga von 1845

Der Zug der Glarner von 1845 ist dank des getreulich geführten Tagebuchs von Matthias Dürst in allen Einzelheiten bekannt. Heute reicht ein Tag, um von Glarus nach New Glarus zu reisen, weil man vom Zeitunterschied profitiert. Am Morgen die Fahrt nach Zürich, gegen Mittag der Flug Kloten–Chicago und abends drei Stunden im Auto für die 140 Meilen durch die ländlichen Gebiete von Illinois und Wisconsin – selbstverständlich unter Einhaltung der Geschwindigkeitsbeschränkung. Im letzten Jahrhundert benötigten die Glarner vier Monate für eine abenteuerliche Reise desselben Kalibers wie jene der Freiburger, die sich fünfundzwanzig Jahre zuvor nach Brasilien aufgemacht hatten (vgl. Seite 108).

Der Tod ereilte unterwegs mehr als einen, aber es gab auch Zuwachs. Der Dreimaster kämpfte gegen wütende Stürme an und blieb bei völliger Windstille tagelang liegen. Nach zweieinhalb Monaten erreichten die Schweizer Baltimore. Doch damit waren die Leiden der Auswanderer nicht vorbei: 3700 Kilometer waren noch zu überwinden, mit Zug, Schiff, Postkutsche, zu Pferd und zu Fuß. Verfolgt man auf der Karte ihre Route, werden die Zwänge deutlich, welche die damaligen beschränkten Transportmittel den Reisenden auferlegten.

Die Glarner nahmen zuerst die Eisenbahn nach Norden, bis Columbia am Susquehanna River, das einige Zeit Kandidat für die Bundeshauptstadt und damals ein wichtiger Verkehrsknotenpunkt war. Hier traf auch der Zug aus Philadelphia ein, und dann ging die Reise weiter auf einem Kanal in

Im Herzen des «Green County», in jenem Teil im Süden Wisconsins, der auch «Cheese County» (Käseland) genannt wird, setzt New Glarus voll auf die touristische Werbung mit seinem Herkunftsland. Zu den Trümpfen gehören ein Freilichtmuseum, in dem das Dorf der Schweizer Pioniere nachgebaut ist, sowie eine Reihe alljährlich stattfindender Festivals zu Ehren von Wilhelm Tell und Heidi sowie den andern Stützen schweizerischen Brauchtums.

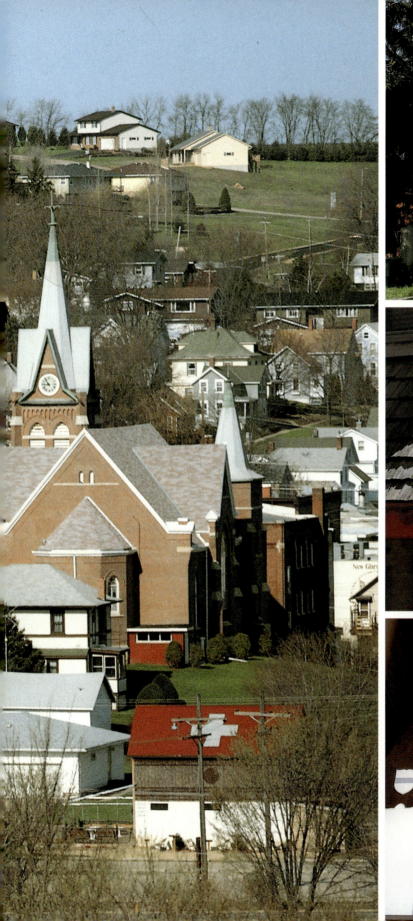

Richtung Pittsburgh, 450 Kilometer nordwestlich gelegen. Für die Überquerung der Appalachen wurden Passagiere und Waren bis Johnstown mit einem Zug weiterbefördert, wo man erneut auf einen Kanal stieß. Pittsburgh, das war dann bereits der Ohio River, auf dem es nun mit dem Dampfboot tausendsechshundert Kilometer nach Westen bis zur Mündung in den Mississippi beim heutigen Cairo ging. Auf der Weiterfahrt stromaufwärts nach Norden machten die Schweizer Auswanderer in Saint Louis halt. Viele von ihnen hatten bereits vorher, am Ende ihrer Kraft, die Reisegesellschaft verlassen, um ihr Glück in östlicheren Gefilden zu versuchen. Fünf Kinder starben im Seuchenherd Saint Louis, was zur Entmutigung der kleinen Gemeinschaft beitrug.

Die Glarner wußten nicht mehr, wohin sie sich wenden sollten. Die beiden von der Kantonsregierung beauftragten Experten für den Landerwerb, Niklaus Dürst und Fridolin Streiff, kommen nicht zum vereinbarten Treffpunkt und haben auch keine Nachricht hinterlassen. Das Gerücht, sie seien umgekommen, erweist sich als falsch; sie sind in den Norden von Illinois weitergereist. Zwei Männer werden ihnen nachgeschickt, Matthias Dürst und Paulus Grob. Sie benötigen zwölf Tage, bis sie die beiden nach siebenhundert Kilometern in einer zauberhaften Region aufspüren, bereits in Wisconsin, westlich des Michigan Lake. Hier haben sie soeben im Namen der kantonalglarnerischen Auswanderungsgesellschaft 1200 Acres (486 Hektaren) öffentlichen Grund erworben.

Die Folge war zugleich klassisch und ungewöhnlich. Dank ihres Eifers beim Roden und Urbarmachen des Landes sowie dank ihrer viehzüchterischen Erfahrung gelang es den Glarner Bauern, eine Kolonie aufzubauen, die bald eine gewisse Bedeutung erlangte und neue Siedler anzog: allein 1860 beinahe vierhundertfünfzig, und die Bevölkerung verdoppelte sich in kurzer Zeit. Die ersten Neuankömmlinge stammten aus dem Glarnerland, dann kamen Auswanderer aus anderen Kantonen, besonders Bern, und schließlich auch aus andern Staaten. Dabei war es vor allem der Käse, der den Wohlstand des «Green County» begründete.

Eine geschlossene Gemeinschaft

Vor allem Sprachforscher hat der Zusammenhalt dieser auf sich selbst konzentrierten Gemeinschaft beeindruckt, die ihre schweizerische Identität in allem und gegen alles zu behaupten wußte. Ihre Mitglieder haben die schweizerdeutschen Dialekte – Glarnerisch und Bärndütsch – lange Zeit bewahrt und damit eine fast unüberwindbare Schranke gegenüber Einwanderern aus anderen Ländern aufgebaut. Die relative Abgeschiedenheit, die geringe Bevölkerungsdichte und das Fehlen eines nicht schweizerischen städtischen Zentrums in der näheren Umgebung gehören zu den Gründen, mit denen dieses Phänomen erklärt wird. Hinzu kommt, daß die Käseherstellung und -vermarktung auf landesweiter Ebene den Bauern von New Glarus einen Gemeinschaftsgeist abforderte, der dem Naturell des individualistischen amerikanischen Produzenten entgegengesetzt ist.

Als sich das Englische schließlich via Schule doch durchsetzte – der deutschsprachige Gottesdienst wurde erst 1950 aufgegeben –, begannen die Neuglarner ihr «Schweizertum» mehr denn je zu pflegen. Dabei haben sie daraus auch handfesten wirtschaftlichen Nutzen zu ziehen gewußt. Sie bieten nämlich den entzückten amerikanischen Touristen die einzigartige, unwiderstehliche Möglichkeit, mit dem Besuch von Little Switzerland eine Schweizreise zu machen, ohne den Atlantik überqueren zu müssen! Das ist natürlich ein Geschäft: Heute ist der Fremdenverkehr die wichtigste Einnahmequelle von New Glarus.

Hans Lenzlinger, in jüngerer Zeit aus der Schweiz eingewandert, hat diese Entwicklung nicht nur miterlebt, sondern auch tatkräftig gefördert und genutzt. Als Besitzer des ältesten Hotels von New Glarus, es stammt von 1853, betreibt er auch das Chalet Landhaus, ein modernes großes Motel, wo vor allem Cars der verschiedenen Reiseveranstalter haltmachen. Aufgebaut hat er den Betrieb mit drei Schweizer Partnern, dem Architekten Stue Galliker, dem Drucker Rudi Rohner und dem Käser Tony Züger, einem Sankt Galler aus der Umgebung von Chicago.

Der 1947 im toggenburgischen Unterwasser geborene Hans Lenzlinger stammt aus einer Hoteliersfamilie und hat Koch gelernt. In der Schweiz arbeitete er halbtags im familieneigenen Hotel, daneben war er Skilehrer. 1969 besuchte er auf Einladung amerikanischer Gäste Chicago. Im Jahr darauf kam er wieder, aber diesmal, um in Janesville, östlich von New Glarus, in seinem Beruf zu arbeiten. 1973/74 kochte er dann etwas weiter nördlich, in der Hauptstadt Madison, und 1975 pachtete er das alte New Glarus Hotel, das er 1981 erwerben konnte.

Auf den Tourismus gesetzt

«Viele Leute leben hier vom Fremdenverkehr», bestätigt Hans Lenzlinger. «Es ist der wichtigste Einkommenszweig von New Glarus geworden, und die Bewohner, die das durchaus begriffen haben, machen mit. Sie schmücken ihre Häuser entsprechend, setzen Geranien aufs Fensterbrett, halten die Straßen sauber – kurz: sie geben sich gutschweizerisch.»

Unser von Jodelklängen untermaltes Gespräch wird durch ein junges Paar unterbrochen, das den Hotelier in unverwechselbarem Glarner Schwiizerdütsch begrüßt; wir könnten genausogut in einem Lokal in Schwanden oder Linthal sitzen. Das frischgebackene Paar geht an die Rezeption, um die Rechnung zu begleichen, wo es von der strahlenden Besitzerin in Glarner Tracht begeistert und selbstverständlich auch auf deutsch begrüßt wird.

«Die Touristen kommen vor allem im Sommer», fährt Lenzlinger fort, «aber auch jetzt in der Zwischensaison haben wir jeden Tag Cars. Ein *tour operator* aus Minneapolis bietet eine Billigreise an, die viel Anklang findet: er kombiniert den Aufenthalt in Little Switzerland mit dem Besuch des ‹House on the Rock›, der größten Attraktion von Wisconsin.»

Dieses Programm wird auch in Chicago angeboten, einem unerschöpflichen Reservoir potentieller Kunden. Um die Anziehungskraft des Angebots richtig zu erfassen, machten wir diesen zweiten Teil der Tour mit, und er fügt der «Swissminiatur»-Realität tatsächlich eine absolut surreale amerikanische Note bei: Mit dem Haus auf dem Felsen hat sich ein Architekt den verrückten Traum erfüllt, sein Heim auf und in eine Felskuppe zu bauen. Heute ist dieses Gebäude mit seinen riesigen unterirdischen Räumen eines der ausgefallensten Museen der Welt, mit einem Sammelsurium verschiedenster Kollektionen – von Puppenhäusern und Holzpferden über Orgeln, ganze Sinfonieorchester und Automaten bis zu Manegen und Feuerwaffen. Diese zweite Säule des touristischen Doppelpacks ist zweifellos einen Umweg wert, und man kann sich vorstellen, wie begeistert die Senioren zu Hause von der wiedergefundenen Kindheit schwärmen. Und dann ist da noch Heidi ...

Heidi und Wilhelm Tell

New Glarus ist vor allem im Sommer ein Publikumsmagnet, wobei die Saison mit je einem Hauptereignis eröffnet und abgeschlossen wird: *Heidi's Festival* am letzten Juniwochenende und das *Wilhelm Tell Festival* am verlängerten Weekend des Labour Day im September. Daneben veranstaltet der Männerchor von New Glarus am ersten Augustsonntag ein *Folkfest,* um unsern Nationalfeiertag in bester Schweizer Tradition zu begehen: mit Jodelliedern, Volkstänzen, Chören, Alphörnern und Fahnenschwingern, zu denen die Jungfrau

In New Glarus wird alles getan, damit die amerikanischen Touristen das Gefühl haben, einige Stunden oder Tage in der Schweiz zu leben. Im Bild fehlt natürlich der Ton: Der Besucher wird mit einem herzlichen, lauten «Grüezi!» empfangen, bevor er bei Alphornklängen, Jodelgesang und Glarner Liedern eine Bratwurst mit Rösti verspeist.

oder der Moléson den passenden Hintergrund liefern würden. Ob sie nun über Madison von Norden her oder über den siebzehn Meilen südlich gelegenen bescheidenen Hauptort des County, Monroe, kommen: Auf dem Highway 69 kann kein Tourist lange übersehen, daß er sich in der kleinen amerikanischen Schweiz befindet. In der welligen Landschaft wird Viehzucht betrieben, und riesige Plakate entlang der Straße künden die Hochburg der Käsefabrikation an. Die Nummernschilder tragen – wie das in den USA Brauch ist – einen Slogan und preisen das Dairyland Wisconsin an, das Land der Milchwirtschaft. Wisconsin ist denn auch der führende Bundesstaat für die Käseherstellung und heimst alle Preise sowie andern Auszeichnungen ein. Und das Nonplusultra in Wisconsin ist eben das Green County, der grüne Bezirk. Schließlich stammt der beste Greyerzer, der in den Vereinigten Staaten hergestellt wird, laut Werbung von hier. Für die Amerikaner verbinden sich *Cheese* und *Swiss* fast automatisch, auch wenn die benachbarten holländischen Siedler nicht unerheblich dazu beigetragen haben ... New Glarus rückt näher. Mit dem weißen Kreuz im roten Feld beflaggte Chalets säumen die Straße – darunter das alte Bauernhaus der Familie Voegeli, das zum Verkauf ausgeschrieben ist. Das Stickereigeschäft mit eigener Fertigung heißt Swiss Miss, die Bowlinghalle Swiss Line usw. Wer's immer noch nicht kapiert hat, dem signalisieren Ortsschilder in Chaletform, daß er sich im Lande Heidis und Wilhelm Tells befindet.

Unüberbietbarer Höhepunkt

Die Festivals für unsere beiden imaginären Nationalgrößen haben hier Tradition: Das Stück *Wilhelm Tell* feierte 1987 seinen fünfzigsten Geburtstag, *Heidi* wurde 1989 ein Vierteljahrhundert alt. Akteure sind in beiden Theaterwerken Bewohner von New Glarus; die eifrigsten Laiendarsteller spielen gleich mehrere Rollen. Allerdings muß man ja auch nicht mehr groß üben, wenn man wie Clayton Streiff in der fünfundzwanzigsten Saison mitmacht. Er ist der Tell auf der Bühne, aber ein wenig auch in der Stadt. Die Rolle bildet für ihn den absoluten Höhepunkt seiner Karriere: «Ich fühle mich während des ganzen Jahres als wichtige Persönlichkeit in der Stadt», meint er ohne falsche Bescheidenheit. «Dazu muß ich nicht einmal politisieren!»

Als Streiff muß man sich in New Glarus zu Hause fühlen, nicht wahr? «Ich stamme nicht direkt von Fridolin (dem Kundschafter von 1845) ab. Mein Großvater ist hier geboren, doch mein Urgroßvater kam aus Schwanden hierher.» (Der erste, 1658 verstorbene Fridolin war übrigens der Stammvater aller Glarner Streiff.) Clayton ist 1924 geboren, als Vierzehnjähriger hat er erstmals am Tellspiel als Soldat mitgemacht. Bevor er Direktor einer Mühle wurde, arbeitete er auf dem Bauernhof seines Schwiegervaters und spielte während rund zwanzig Jahren den Melchtal. 1988 stand er zum achtundzwanzigsten Mal als Tell auf der Bühne und beabsichtigte keineswegs, die Rolle des Helden aufzugeben.

Gesucht: deutschsprachige Schauspieler

Doch es gibt mehr als einen aktiven Wilhelm Tell in New Glarus, von jenen im Ruhestand ganz zu schweigen. Das in Wisconsin aufgeführte Schauspiel entspricht jenen von Altdorf oder Interlaken, man spielt jedoch auch jedes Jahr eine englische Version. Amerikaner quälen sich nicht gerne mit fremden Sprachen ab und sind selten polyglott. Deshalb wird das Stück traditionellerweise am Samstag und Montag englisch und am Sonntag schweizerdeutsch gegeben. Pro Aufführung lockt die englische Inszenierung über tausend Zuschauer an, die schweizerdeutsche einige hundert. Die meisten der rund hundertfünfzig Schauspieler und

Statisten spielen an allen drei Abenden. Die tragenden Rollen jedoch werden nur in einer Sprache interpretiert. In der englischen Version steht für jede ein Double bereit, das auch noch im letzten Moment einspringen kann. Bei der deutschen Aufführung müssen mehr Risiken eingegangen werden; selbst in New Glarus finden sich nicht genügend begabte deutschsprachige Schauspieler, um alle Rollen doppelt zu besetzen. So gibt es zur Zeit drei aktive Wilhelm Tell im Green County, zwei – Clayton Streiff und Jim Hösli – spielen den Schächentaler Schützen englisch, einer deutsch. In der Sprache der Heimat waren die möglichen Anwärter allerdings so dünn gesät, daß der Part 1988 von einem – Dänen übernommen werden mußte, Harold Christiansen! «Nobody is perfect!» meinen seither die gebürtigen Glarner in der Sprache Lincolns ...

Aufgeführt wird das Heldenepos etwa anderthalb Meilen außerhalb des Dorfes, in einem kleinen Tal, wo auf der einen Hangseite Tausende von Zuschauern Platz finden, während die andere Seite eine gewaltige natürliche Bühne bildet. Unter den nicht unbedingt stummen Statisten kann eine Herde echten Schweizer Braunviehs, die bergab durch die Szenerie zieht, stets mit Applaus rechnen. Die Inszenierung ist immer gleich, und trotz der Vielzahl von Teilnehmern genügt ein Monat Vorbereitungszeit mit jeweils drei Proben pro Woche.

Eine Schauspielerdynastie

Wie unschwer zu verstehen ist, hat dieses «Abenteuer» in der Gemeinschaft und in den Familien einen gewaltigen Stellenwert. «Ich bin damit aufgewachsen, das hat mein Leben völlig geprägt», bestätigt Clayton Streiff und kramt das Familienalbum mit den Zeitungsberichten hervor. Sie gehen bis zur Premiere im Jahre 1938 zurück, als ein gewisser Edward Vollenweider die Hauptrolle spielte. Claytons Bruder Paul war der erste Walter (Tells Sohn), während sein Großvater den Walter Fürst spielte. Seither mauserte sich Bruder Paul zum Geßler; Claytons aus Elm gebürtige Frau, Marion, spielt eine Dienerin und sorgt für die Kostüme. Ein Artikel ist der Familie gewidmet, mit einem Foto, das vier Generationen Tellspieler zeigt: Clayton mit Großvater, Mutter, Bruder und Sohn.

Und wer ist Tells Nachbar im wirklichen Leben? Selbstverständlich Geßler alias Paul Großenbacher, der die Rolle des Landvogts deutsch spielt. Auch er gehört zu den Dorfgrößen. Obwohl ein Einwanderer neueren Datums – 1929 –, hat er eine Leidenschaft für die Geschichte der Kolonie entwickelt, und die Mehrzahl der historischen Fresken, die in New Glarus zu sehen sind, stammen von seiner Hand. Wenn sie nicht auf der Bühne stehen, singen die beiden Nachbarn zusammen im Edelweiß-Chörli, das Ernest Zentner zusammen mit seinen beiden Nichten, Marion, der Frau Claytons, sowie Kathleen, gegründet hat. Begleitet werden sie auf der Handorgel von Betty Vetterli.

Die beiden Äpfel

Die beiden Festspiele mit Tell und Heidi konkurrenzieren sich nicht, beide haben ihr Publikum. *Heidi* richtet sich eher an Kinder, während Schillers Epos ein breites amerikanisches Publikum anlockt: Der Bürgermeister von New York, Edward Koch, hat sogar im Namen seiner 7,5 Millionen Schäfchen zum Jubiläum gratuliert und dabei in witziger Manier einen Bezug zwischen dem amerikanischen *Big Apple* (volkstümliches Synonym für New York) und dem *Big Apple* schweizerischer Herkunft hergestellt.

Das Schauspiel *Heidi* wurde 1965 beim 120-Jahr-Jubiläum von New Glarus uraufgeführt. Der Text von Johanna Spyri war von einer Amerikanerin aus dem Südosten für eine Schauspieltruppe dramatisiert worden, die das Stück später ins Repertoire aufnehmen sollte. Der Erfolg der Premiere bewog die Neuglarner, das Stück jedes Jahr zu wiederholen. Jeweils am letzten Juniwochenende finden drei Aufführungen vor rund tausend Zuschauern statt, die in Cars von überall her anreisen, aus den Nachbarstaaten Illinois und Minnesota, ja selbst aus Missouri und Kanada.

Die begeisterte aktive Teilnahme eines Gutteils der Bevölkerung und eigentlicher Schauspielerdynastien ist mit jener beim Tellspiel vergleichbar, wobei natürlich die Hauptrollen der Kinder – Heidi, Clara und der Geißenpeter – alle zwei Jahre neu besetzt werden. So spielte die kleine Sara Marean 1987 und 1988 die Rolle von Heidi als Nachfolgerin ihrer älteren Schwester Karin, die zur Clara avancierte. Selbstverständlich konnte die Hauptdarstellerin ihre Rolle schon vor der ersten Probe auswendig. Doch der familieninterne Nachwuchs ist nicht unerschöpflich, und andere Mädchen warten begierig darauf, das blonde Naturkind aus den Schweizer Alpen zu spielen. Die Auswahl erfolgt in der Schule.

Heidis Großvater, der Alpöhi

Bei einer Rolle allerdings spielt die Altersgrenze keine Rolle: jener des Alpöhi, des Großvaters der kleinen Waise. Willy Ruef, der Metzgermeister von New Glarus, spielt sie seit der ersten Aufführung mit immer neuer Begeisterung. «Mit Kindern zu spielen ist einfach wunderbar», freut er sich, «sie können alle den ganzen Text auswendig und geben sich irrsinnig Mühe. Mein Ältester hat den Peter gespielt, doch das ist schon einige Jahre her.»

Ruef ist Präsident des Festivals, und das bereitet ihm einiges mehr an Kopfzerbrechen als seine Rolle. Der König der Mett- und Bratwurst ist 1939 in Oberried am Brienzersee geboren. Seine Familie wanderte nach Wisconsin aus, als er zwölf war, und hier ging er ganz selbstverständlich in eine Käserlehre. Doch nach der Hochzeit fand er eine Stelle als Metzger und übernahm in der Folge den Betrieb seines Arbeitgebers. Wie zwei seiner Onkel in der Heimat beweist er sein berufliches Können mit traditionellen Wurstwaren: Für die Schweizer Gemeinde von New Glarus macht er Berner Zungenwürste und Saucissons, die bei den Touristen reißenden Absatz finden.

Während der beiden Hauptveranstaltungen in der Hochsaison, die mit dem *Little Switzerland Festival* und einem *Alpine Festival* verbunden sind, aber auch während des *Folkfests* von Anfang August und bei jeder passenden Gelegenheit treten verschiedene Gruppen und Vereinigungen aus New Glarus auf, welche die helvetischen Traditionen hochhalten: so der New Glarus Männerchor, der Swiss Yodelclub, die Swiss Dancers, die Edelweiss Singers mit Betty... Andere demonstrieren ihre Künste im Fahnenschwingen und Alphornblasen, und wieder andere treten zu einem Hosenlupf im Sägemehlring an: Leckerbissen schweizerischen Brauchtums, die sich die Amerikaner begeistert zu Gemüte führen.

Wintersport

Außerhalb der Saison ist New Glarus, wie erwähnt, vor allem Ziel von Senioren-Cars. Das Spektakel, wie sie die Boutiquen stürmen und ihre Taschen mit Souvenirs füllen, läßt sich durchaus etwa mit jenem in Luzern vergleichen und ist auch von vergleichbarer wirtschaftlicher Bedeutung. Hans Lenzlinger gehört zu denen, die davon zu profitieren verstanden: Er hat gegenüber dem Hotel einen Laden eröffnet – selbstverständlich in Gestalt einer Alphütte –, wo er Schweizer Schokolade, Schweizer Wein, Käse und Wurstwaren anbietet. Dieses Geschäft hat er mit drei Partnern aus New Glarus aufgezogen, darunter den Apotheker und den Bankier; mit andern hat er das Motel gegründet, und wieder andere haben mit ihm in den Wintersport investiert: «Wenn man vom Tourismus leben will, kann man sich nicht mit einer Saison begnügen», erklärt der vielseitige Hotelier. «Wir haben bereits die Sommersaison erweitert, indem wir eine neue Kundschaft im Herbst und Frühling heranholen. Doch dafür muß hier etwas laufen, und da hat der Handel eine aktive Rolle zu erfüllen. Und wieso eigentlich nicht auch im Winter? Fünfundzwanzig Kilometer von hier befindet sich ein kleiner Berg, der Mount Horeb, wo man Ski fahren kann, obwohl das Gefälle eher bescheiden ist.» Jedenfalls hat der ehemalige Skilehrer zusammen mit drei Freunden – einem Politiker, einem Professor der Universität von Madison und einem Ingenieur – in ein Wintersportzentrum investiert, das von Dezember bis März geöffnet ist und sich vorerst auf einen Skilift und ein Restaurant beschränkt.

Neben dem Tourismus leben die tausendachthundert Einwohner von New Glarus vor allem von Dienstleistungen für die Bauern der Umgebung: Geschäfte, landwirtschaftliche Genossenschaften, eine Bank und anderes, was ein Städtchen auf halbem Weg zwischen dem Bezirkshauptort Monroe und der Hauptstadt Wisconsins, Madison, zu bieten hat. Die Bauern besitzen heute viel größere Höfe als noch vor einigen Jahrzehnten und sind deshalb auch bedeutend weniger zahlreich. Dennoch stellen sie noch immer einen Drittel der rund dreißigtausend Einwohner im Green County.

Das große Paradox

Das Paradoxe an New Glarus, das seine schweizerische Eigenart so eifersüchtig hütet, ist der Bürgermeister: ein Amerikaner deutscher Abstammung, und erst noch neu im Ort! Doch vielleicht haben die Schweizer Familien diesen Mann, der nach seiner Pensionierung herkam, als eine Art Schiedsrichter gewählt. Jedenfalls regte sich keinerlei Widerspruch gegen die Kandidatur von Raymond Stoiber, und der «Ausländer» ist sogar wiedergewählt worden.

Wie hält man es in New Glarus aus, wenn man nicht Schweizer ist? Der Bürgermeister lacht schallend: «Das könnte sich tatsächlich jeder fragen, der nicht aus der Schweiz stammt. Ich für meinen Teil bin hierhergezogen, um näher bei meiner Tochter zu sein, die in Madison lebt. Dieses Städtchen hat mich bezaubert. Es ist schwierig, in dieser Gegend eine vergleichbare Lebensqualität zu finden, und der Gemeinschaftssinn, der hier herrscht, gefällt mir. Den Leuten macht es Spaß, die heimatlichen Traditionen hochzuhalten, und sie sind stolz darauf. Das ist etwas Positives, wie ja auch das Ergebnis in touristischer Hinsicht beweist.»

Doch wie erträgt man diese systematische «Schweiztümelei», diese Flut von Schweizer Fahnen, wenn man nicht dazugehört? Fühlt man sich nicht ausgeschlossen? Geht es einem nicht zumindest gelegentlich auf die Nerven? «Man muß schon einiges in Kauf nehmen», gibt der Bürgermeister zu. «Man ist ein bißchen Außenseiter und wird von dieser Gemeinschaft nie völlig akzeptiert. Außer sie findet, daß man etwas Besonderes zu bieten hat; dann nimmt sie einen mit offenen Armen auf. Ich lasse mich von meiner Wahl nicht blenden: Ich fühle mich durchaus nicht integriert. Doch ich kenne Mitbürger, die auch nach dreißig oder vierzig Jahren noch nicht richtig dazugehören, und das tröstet mich in gewisser Weise.

Die Bauern in Kanada
Andere Maßstäbe

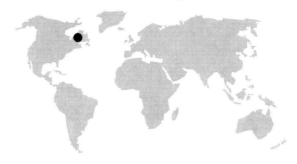

Als die Freiburger Zeitung *La Gruyère* 1988 eine Leserreise nach Kanada organisierte, hatte man keinen derartigen Erfolg erwartet: Der Andrang war so groß, daß man von Anfang an vier aufeinanderfolgende Abflugdaten einplanen mußte. Das zeugt nicht nur vom unbestrittenen Interesse der Schweizer für Kanada, es könnte auch ein Hinweis darauf sein, daß die Romands als französischsprachige Minderheit ihre frankophonen Vettern in der Provinz Quebec ganz besonders ins Herz geschlossen haben. Das trifft zweifellos teilweise zu, doch geht das Phänomen hier über die Saane und dort weit über die Ebenen von Ontario hinaus. Die Deutschschweizer sind von den englischsprachigen Provinzen Kanadas ebenso hell begeistert, und sprachliche Gemeinsamkeiten haben fruchtbare Seitensprünge noch nie ausgeschlossen.

Zur Leserreise der Greyerzer Zeitung, die im folgenden Jahr wiederholt wurde, gehörte neben dem üblichen Sightseeing der Besuch eines halben Dutzends Farmen, die von Schweizer Auswanderern bewirtschaftet werden. Dieser Teil des Programms war zweifellos ein Hauptanziehungspunkt, wenn man weiß, wie viele Freiburger Bauern die steilen, grünen Wiesen ihrer kleinen Höfe verlassen haben, um in den weiten Ebenen Kanadas einen neuen Anfang zu wagen. Viele Leser nutzten also die Reise für ein Wiedersehen, besaß doch beinahe jeder einen Freund, Verwandten oder Bekannten, der in den siebziger und achtziger Jahren den großen Sprung riskiert hatte.

Obwohl das Phänomen in der Folge durch die Entwicklung des Dollarkurses und die überrissenen Vorstellungen mancher Grundstückspekulanten etwas gebremst worden war: aufgehört hat es nicht. Die Rahmenbedingungen stimmen noch immer: Der Anteil des landwirtschaftlichen Nutzlandes schrumpft in der Schweiz ständig, während es in den Weiten Kanadas einigermaßen erschwinglich geblieben ist. Viele nutzten deshalb die Leserreise auch als Erkundungsfahrt oder jedenfalls, um einen ersten Eindruck zu gewinnen; und vermutlich dürfte mehr als ein Teilnehmer nach der Rückkehr entschlossen gewesen sein, das kanadische Abenteuer zu wagen.

Spektakulärer Erfolg

Dazu muß gesagt werden, daß manche Auswanderer unerhört erfolgreich waren. Bekanntestes Beispiel ist vielleicht Oscar Dupasquier, und ein Besuch bestätigte das Gehörte. Seinen 200 Hektar großen Besitz im Wellington County in Ontario muß man gesehen haben. Der Erfolg Dupasquiers ist ebenso spektakulär wie aufschlußreich, auch wenn man sich hüten sollte, ihn zu verallgemeinern: Allen ist es nicht ebenso blendend ergangen.

Oscar Dupasquier führte in Bulle einen stattlichen Bauernhof, bevor er 1984 seinen Viehbestand von hundertsechzig Rindern verkaufte, um dann mit seinen vier Kindern nach Kanada auszuwandern. Die Älteste, Carmen war sechzehn, der Jüngste, Jacques elfjährig. Wieso dieser Auszug? Dupasquier fühlte sich beengt: «Die Schweiz ist ein schönes Land, aber zu klein. Qualitativ stagnierte unsere Zuchtherde, und es gab kaum Entwicklungsmöglichkeiten. Ich hatte Kanada schon früher besucht, vor rund zehn Jahren, und da muß ich angesteckt worden sein. Ich konnte die außergewöhnlichen Möglichkeiten dieses Landes einfach nicht mehr vergessen, und ich wußte, daß ich einmal dorthin ziehen würde. Dann war 1984 der richtige Augenblick gekommen.»

In wenigen Jahren ist Oscar Dupasquier einer der bekanntesten Züchter Nordamerikas geworden. Man kommt aus der ganzen Welt, um seinen Modellbetrieb zu besichtigen, und in den Ställen stehen Zuchtbullen und preisgekrönte Kühe, die ein Vermögen wert sind. So gilt «Patricia», mit vollem Namen «Mawacres Warden Patricia», geboren 1983, als eine der besten Holsteinkühe der Welt, und ist über 200 000 Dollar wert. 1989 hatte sie bereits zwei erste Plätze und einen zweiten bei der Meisterschaft von Kanada belegt. Als Zweijährige gab sie 11 215 Kilo Milch mit 3,8% Fettgehalt und 3,5% Eiweiß. «Für eine Kuh dieses Alters ist das ein außergewöhnlicher Rekord», versichert Oscar Dupasquier. «Sie hat drei Söhne in Besamungsstationen und drei Töchter hier. Zuchtstiere sind sehr rentabel, aber wir mögen auch die Töchter, damit die Zuchtlinie in unserem Betrieb weiterbesteht.»

Japanische Züchter sind interessiert

Im Stall mit den Preisträgerinnen geht es weiter zu «Maspring Tony Janice», 1981 geboren und ebenfalls hochkotiert. «Ihre Besonderheit: Ihr Kalb von dem berühmten US-Stier ‹Rotate› gilt als seine weltweit beste Tochter.»

Dieses Wundertier heißt «Maspring Rotate Marie», und der Laie hat nun vielleicht begriffen, daß der Name des Vaters zwischen jenen der Zucht und des Tiers selbst eingeschoben wird. Sie steht da und käut friedlich ihre bereits ruhmvolle Vergangenheit wieder, offensichtlich unberührt von den außergewöhnlichen Aussichten ihrer Nachkommen aus den Lenden Jupiters. «Von ihr haben wir acht Embryonen», verkündet der stolze Züchter. «Praktisch alle Besamungsstationen auf dem nordamerikanischen Kontinent möchten Zuchtstiere von dieser Kuh. Heute morgen hatte ich einen Anruf aus Alberta. Letzte Woche waren Japaner am Apparat. Sie kaufen viel in Kanada, denn sie brauchen neues Zuchtmaterial.»

Weltweites Echo

Bekannt wurde Oscar Dupasquier durch seine Erfolge an Ausstellungen, die unseren Prämierungsmärkten entsprechen. Er besucht acht bis neun pro Jahr in Kanada und den Vereinigten Staaten und nimmt dafür ohne weiteres achtzehn Stunden Lastwagenfahrt in Kauf – zum Beispiel, wenn er an der maßgebenden Zuchtviehschau in Madison, Wisconsin, teilnimmt. «Wegen der Transportkosten nehmen wir nur das Beste vom Besten aus unserer Herde mit. Aber es lohnt sich, wir haben ein weltweites Echo. Auch die Ausstellung in Toronto hat eine enorme Bedeutung.» Die Zucht der Dupasquiers ist mittlerweile bei Fachleuten aus der ganzen Welt bekannt. Wie läßt sich eine derart leistungsfähige Herde in so kurzer Zeit aufbauen? «Wir haben zunächst eine Ranch mit einer guten Herde gekauft, alles reinblütige Tiere, und obwohl der ehemalige Züchter einen Drittel davon behalten hat – zweifellos die interessantesten –, hatten wir damit eine solide Grundlage. Dann haben wir einige Tiere zugekauft und dabei eine glückliche Hand gehabt. Nachher muß man bei der Selektion einfach rigoros sein und nur die besten Kühe behalten. Diesen Winter habe ich mir die Herde genau angeschaut; da sind wirklich nur wenige Tiere darunter, die mich nicht voll überzeugen.

Der Sankt-Lorenz-Strom bei Batiscan, zwischen Montreal und Quebec, unweit von Trois-Rivières. Hier wohnen Camille und Suzanne Charrière seit Ende der siebziger Jahre, auf dem Bild mit einem Teil ihrer Kinder. Die Umsiedlung von La Tour-de-Trême im Greyerzerland verlief problemlos, ganz im Gegensatz zu jener eines Vorfahren, Pierre Charrière, dessen tragisches Schicksal Camille oft erzählt.

Das Erfolgsrezept

Für den Erfolg sind einige Zutaten unerläßlich, zum Beispiel die Mittel und etwas Glück. Reicht das? «Um sich auf dem Topniveau behaupten zu können, muß man Tiere der gerade gefragten, erfolgreichen Zuchtlinien haben», erläutert Oscar Dupasquier. «Außerdem muß man systematisch neue Bullen verwenden. Wenn man wartet, bis sie schon zwei, drei Jahre bekannt sind, sitzt man bald einmal im Wagen mit dem Schlußlicht. Sobald die Stiere im Januar, Februar angeboten werden, nimmt man sofort die besten, um so früh wie möglich Kälber zu haben. Dann ist man auf dem Markt vorne dabei.»

Der Besuch des Stalls mit einer Lektion in Rindviehzucht könnte nicht ohne den Halt beim letzten Prachtsstück abgeschlossen werden: Die Kuh heißt «Dupasquier Starbuck Winnie», geboren im Herbst 1986, bereits als Färse vielversprechend und beim ersten Kalben Ende 1988 hat sie die Erwartungen bestätigt. «Noch bevor wir sie bei den 1989er Shows gezeigt haben, hat man in Züchterkreisen überall von ihr geredet. Es braucht nur einige Besuche, und dann verbreiten sich solche Neuigkeiten wie ein Lauffeuer. Sie hat einen Sohn von einem US-Bullen, der den höchsten Eiweißgehalt der Welt vererbt. Die Zukunft liegt bei den Proteinen, die den Fettgehalt überrunden werden. Bei solchen Eltern sind für das Stierkalb sofort Angebote von Besamungsstationen eingetroffen.»

Seit einigen Jahren bildet die Technik des Embryotransfers die Grundlage der Zucht. Die besten Kühe werden befruchtet, und dann werden die Embryonen auf die übrigen Kühe und fortpflanzungsreifen Rinder verteilt. Da man so nur Kälber der besten Zuchtelemente bekommt, stellen sich sehr rasch Fortschritte ein. «Viele Kälber sind im Februar geworfen worden, die meisten von Leihmüttern, die mit dieser Technik verpflanzte Föten ausgetragen haben. Im Schnitt kommt man so auf fünfzehn bis zwanzig Nachkommen pro Zuchtkuh. Davon behalten wir vier Fünftel, das heißt alle Kuh- und eine Auswahl von Stierkälbern. Nachher handeln wir mit den Färsen, die mit zwei Jahren zuchtreif sind, oder mit den jungen Kühen. Das Durchschnittsalter unserer Kühe liegt bei vier Jahren. Es sind etwa hundert; die Herde zählt zweihundertzwanzig bis zweihundertdreißig Köpfe.»

Der Erfolg ist Oscar Dupasquier nicht in den Kopf gestiegen. Der Empfang ist herzlich, auch wenn die Ambiance an eine amerikanische TV-Serie erinnert, wie das Michel Gremaud in *La Gruyère* treffend beschrieben hatte, indem er eine offensichtlich beeindruckte Leserin zitierte: «Das ist wie in Dallas, und ich bin mitten drin! Sagen Sie mir, daß ich nicht träume, daß es wahr ist...» Geselligkeit steht in dieser Region hoch im Kurs. Dupasquier wird das nie vergessen: «Als wir hier ankamen, sind schon am ersten Abend Nachbarn mit Kuchen gekommen. Der Empfang war wirklich phantastisch.»

Die Dupasquier-Zucht, deren Tiere in die ganze Welt exportiert werden, bildet selbstverständlich so ziemlich den Gipfelpunkt dessen, was ausgewanderte Schweizer Bauern in Kanada erreicht haben. Und die häufig besuchten Betriebe gehören alle zur sichtbaren Spitze des Eisbergs. Wer gescheitert ist oder Mühe hat, über die Runden zu kommen, hängt das selten an die große Glocke. Tatsächlich erweisen sich die Bedingungen als entscheidend, unter denen die Bauern ausgewandert sind. Je nachdem, ob sie vorher einen Hof verkaufen konnten oder aus wirtschaftlicher Bedrängnis zur Auswanderung getrieben wurden, stehen die Startchancen für den Neubeginn jenseits des Atlantiks unter verschiedenen Vorzeichen.

Nichts überstürzen

Tatsächlich hat die große Auswanderungswelle der 1970er und 1980er Jahre nichts mit den oft tragischen Schicksalen der Emigranten des 19. Jahrhunderts zu tun. Das veranlaßte Henri Bovigny, Präsident des freiburgischen Bauernverbandes, nach einer sechswöchigen Rundreise bei nach Kanada ausgewanderten Landsleuten zur Feststellung: «Ich habe zufriedene, glückliche Bauern getroffen, offensichtlich ohne große Probleme.» Er sagt das 1984, und die äußerst günstigen Bedingungen, die noch fünf oder zehn Jahre früher geherrscht hatten, sind zu diesem Zeitpunkt bereits vorbei. Der Dollar ist gestiegen, genauso wie die Bodenpreise, die von den Händlern in die Höhe getrieben wurden. Der zwar begeisterte, aber realistisch gebliebene Bauernpräsident warnt seine Kollegen: «Es gibt noch immer gute Gelegenheiten für denjenigen, der über ein Kapital von zweihundert- bis dreihunderttausend Franken verfügt, sofern er die Ansprüche zurückschraubt und den Betrieb vielleicht später erweitert. Vor allem aber, wenn er nichts überstürzt und sich Zeit nimmt für die Auswahl. In dieser Beziehung ist es ideal, wenn man drüben bereits Verwandte, Freunde oder Bekannte hat.»

Familie Poschung aus Bulle, die einen Hof in Vallorbe gepachtet hatte, wird ihn nicht Lügen strafen. Sie hat sich erst 1987 in Ontario niedergelassen, auf einer Farm, die Oscar Dupasquier in seiner Nähe, in Guelph, ausfindig gemacht und ihnen vermittelt hatte. Die Poschungs bereuen ihre Wahl nicht. Vom Start weg haben sie auf ihrem sechzig Hektar großen Betrieb 300 000 Liter Milch produziert, und das war erst der Anfang. Natürlich bedeutet das harte Arbeit, geschenkt wird nichts, doch die Ergebnisse sind äußerst ermutigend und lohnender als in der Schweiz.

Eine packende Geschichte

Die Auswanderungsbedingungen waren nicht immer günstig. Camille Charrière, der Ende der siebziger Jahre von La Tour-de-Trême im Greyerzerland nach Batiscan in Quebec gezogen ist, kann das beurteilen. Er selbst hat zwar keine größeren Schwierigkeiten gehabt, aber einem seiner Vorfahren, Pierre Charrière, dem unternehmungslustigen Bruder des Großvaters, ist es anders ergangen. Sein Schicksal war dramatisch: Aufgewachsen in La Valsainte, zieht er nach Romanens hinunter und wird Viehhändler. Doch die Geschäfte gehen schlecht; weil er zu vielen Leuten Kredit gewährt, die nicht zahlen können, geht er in Konkurs und reißt die Geldgeber mit ins Unglück. Diese Schande erträgt er nicht. Nachdem er von einem in Manitoba ansässigen Freiburger Pfarrer erfahren hat, daß die dortige Regierung Konzessionen für Landrodungen vergibt, beschließt er, die Sache näher zu erkunden.

Er nimmt Abschied von seiner Frau Ursule, einer Frossard von Le Pontet, und elf seiner Kinder; der Älteste kommt mit nach Kanada. Drei Wochen unterwegs mit Schiff, Zug und Bus; dank tatkräftiger Unterstützung durch den Pfarrer wird die Konzession erteilt, und schon beginnen die beiden zu roden. Vor Einbruch des Winters schickt Pierre Charrière den Jungen in die Schweiz, um die restliche Familie zu holen. «In der Zwischenzeit baue ich das Haus: Im Frühling, wenn ihr kommt, wird alles bereit sein!»

In Romanens ist inzwischen ein dreizehntes Kind geboren worden; die Gemeinde schießt das Geld für die Überfahrt vor, zweifellos froh, die vielköpfige Familie, potentielle Armengenössige, loszuwerden. Die Zeiten sind schwierig, und man hat ja auch heute noch nichts Besseres erfunden, als mit Ausreisebeihilfen und andern Unterstützungen lästige Einwanderer heimzuspedieren.

Frau Ursule in ihrer Frömmigkeit will zuerst noch nach Lourdes pilgern, um Gottes Segen für das Wagnis zu erbitten. Sie macht den langen Umweg mit ihrer ganzen Kinderschar, bevor sie sich einschifft. Bei der Ankunft in Manitoba muß sie erfahren, daß ihr Mann während des Winters gestorben ist, und sitzt nun mit dreizehn Kindern in einer

Die Modellranch von Oscar Dupasquier, einem Greyerzer aus Bulle, der erst 1984 nach Ontario auswanderte, ist weiterum bekannt. Fachleute aus der ganzen Welt reisen hierher nach Guelph, um die bekannte Zucht zu besichtigen, die auf Ausstellungen immer wieder glänzende Resultate erzielt und Tiere in alle Kontinente exportiert. Einer der Stars im Stall ist «Patricia», die zu den weltbesten Holsteinkühen zählt. Seit 1989 arbeitet der zwanzigjährige Eric auf dem Gut mit, während der jüngere Sohn Jacques und die Töchter Carmen und Corinne noch in der Ausbildung stecken. Ein anderer Schweizer Züchter zeichnet sich bei den Wettbewerben für Milchvieh aus: Der Jurassier Jean Siegenthaler, der sich in Sainte-Sophie De Levrard in Quebec niedergelassen hat: Seine Kühe erbringen die höchste durchschnittliche Milchleistung pro Stall in ganz Kanada.

Blockhütte mitten im Wald. Die einzigen Nachbarn sind sehr gastfreundliche und hilfsbereite Indianer. Die tapfere Frau entschließt sich zu bleiben – im Grund bleibt ihr ja auch nicht viel anderes übrig –, nennt das Anwesen Notre-Dame de Lourdes ... und nach Jahren des Sichabrackerns gelangt die Familie zu bescheidenem Wohlstand.

Camille Charrière setzt seinen erstaunlichen Bericht fort: «Meine Mutter erinnert sich sehr gut daran. Es war in Cerniat, an einem Sonntagmorgen, als ein junger Mann im Einspänner vorfuhr. Es war der älteste Sohn, der zurückgekommen war, um jenen das Geld zurückzuerstatten, die beim Konkurs des Vaters geschädigt worden waren. Das hat dieser Familie viel Respekt eingetragen.»

Notre-Dame de Lourdes ist heute ein blühendes Dorf siebzig Kilometer westlich von Winnipeg, im zum Teil französischsprachigen Süden der Provinz Manitoba. «Wir haben unsere Ururgroßneffen besucht und sind auch auf dem Friedhof gewesen. Man könnte meinen, man sei im Greyerzerland: Dupasquier, Droux, Delabailly, Roch, Charrière und so weiter. Unglaublich.»

Freiburger haben hier verschiedenenorts Wurzeln geschlagen, genauso wie Waadtländer. Deutschschweizer sind häufiger in die englischsprachigen Provinzen Kanadas ausgewandert, doch trifft man sie mehr und mehr auch in Quebec. Manche leben schon geraume Zeit dort, gelegentlich aus Zufall, wie die Familie Gasser, aus dem Aargau gebürtige Berner, deren Zug nach Westen in einer ersten Etappe bis Aubonne führte. Als sich dann Ernst Gasser und seine Frau Frieda mit ihren sieben Kindern 1951 in Liverpool einschifften, wollten sie eigentlich nach Britisch-Kolumbien an der kanadischen Westküste. Doch dann mußten sie in Montreal aufs Gepäck warten, und diese Wartezeit blieb nicht ungenutzt: In weniger als vierzehn Tagen hatte Ernst die zum Verkauf stehenden Farmen in der Umgebung abgeklappert und sich für einen Hof in Quebec entschieden.

Der Fall der Gassers ist ein Beispiel, wo der schnelle Entschluß von Erfolg gekrönt war. Man sollte dennoch nicht glauben, die Ratschläge, sich Zeit zu lassen, die Angebote sorgfältig zu prüfen und gründlich zu überlegen, seien unangebracht; das Umfeld ist nicht mehr dasselbe wie zu Beginn der fünfziger Jahre. Das Schicksal der Familie Gasser illustriert übrigens in schöner Weise, wie durch Auswanderung eine bäuerliche Tradition aufrechterhalten und fortgesetzt werden kann. In der Schweiz waren die Gassers nur Pächter; und der gepachtete Hof bot den Söhnen keine Möglichkeit, sich eine Zukunft als Bauern aufzubauen. Als Ernst Gasser sich bewußt wurde, daß seine älteren Buben drauf und dran waren, ohne besonders begeisternde Aussichten ausziehen zu müssen, schlug er vor, gemeinsam auszuwandern. Der Entscheid fiel bald, und die Familie kam in Kanada ohne vorherigen Besuch und ohne Beziehungen an ...

Ein Gut von 900 Hektar

Wir sind also im Jahr 1951. Zwölf Monate später wird eine zweite Farm gekauft, um das Gut zu vergrößern, auf dem vier der Söhne arbeiten werden. 1965 gründen Gassers eine Familienaktiengesellschaft, um die Verantwortung auf mehrere Schultern zu verteilen: Ernst ist Hauptaktionär, jeder der Söhne hält einen Anteil. Später übernehmen diese die Mehrheit, während der Vater Verwaltungsratspräsident wird. Hans, Jürg, Rolf und Ernst junior können Anteile an ihre eigenen Kinder weitergeben und sind beim Unternehmen angestellt. Das Gut gehört inzwischen zu den größten in ganz Quebec, umfaßt mehrere Einzelhöfe, ebenso viele Wohnhäuser und beinahe neunhundert Hektar. Ein Teil ist bewaldet, doch neunzig Prozent des Landes ist bebaubar. Die Viehherde zählt siebenhundert Köpfe, davon dreihundert Kühe. Zu den besonderen Tätigkeitsbereichen gehören seit 1953 eine Hähnchenmästerei sowie seit kurzem ein Mastrinderbetrieb mit einer Kreuzung von Simmentalern- und Charolais-Rindern. In Quebec wird die Simmentaler Rasse nicht als Milchvieh gezüchtet! Als Milchkühe – das Beispiel der Dupasquiers in Guelph hat es gezeigt – dienen vor allem Holsteiner Rinder. Die Milchleistungen der einzelnen Tiere wie der Rationalisierungsgrad der Höfe grenzen oft ans Unwahrscheinliche: Für die achthunderttausend Liter pro Jahr auf dem Betrieb des «Québecois» Albert Pasquier werden genau drei Mann benötigt: er selbst und die beiden Söhne. Jack Thurler in Ontario melkt mit insgesamt fünf Mann über 1,3 Millionen Liter Milch pro Jahr. Und südlich von Saint-Laurent, in der Nähe von Battiston, hat sich ein Schweizer auf andere Art ausgezeichnet: Jean Siegenthaler hat die beste durchschnittliche Milchleistung pro Kuh in ganz Kanada erzielt.

Zu den führenden kanadischen Produzenten gehören viele Schweizer, aber auch Holländer, Belgier und Franzosen. Das ausgesprochen kosmopolitische gesellschaftliche Leben mancher Regionen wird von den Einwanderern häufig geschätzt. Andere beklagen sich mehr oder weniger deutlich über eine wachsende Ausländerfeindlichkeit. Werden die Schweizer als reiche Konkurrenten empfunden, die sich ohne Probleme die besten und rentabelsten Farmen leisten können? Diese Kritik ist gelegentlich zu hören, bedarf aber einer Ergänzung, ob sie nun berechtigt ist oder nicht. Spektakuläre Erfolge von Schweizer Einwanderern sind in der Minderheit. Die meisten leben zwar in besseren wirtschaftlichen Verhältnissen als in der Schweiz, was rückblickend die Auswanderung rechtfertigt, aber nur dem guten Durchschnitt der kanadischen Rancher und Farmer entspricht.

Wehmütige Töne

Auch die glücklichsten und erfolgreichsten Bauern lassen oft, wenn sie ihr Herz ausschütten, eine Spur Heimweh erkennen. Häufig war die Aufnahme doch nicht so ganz ohne Mißtöne, oder sie finden die hinter aller vordergründigen Direktheit und Herzlichkeit offenkundige Indifferenz der Amerikaner, das fehlende echte Interesse und den gnadenlosen Wettbewerb, der auch die einfachsten Beziehungen verfälscht, als schwer zu ertragen. Einige leiden in Quebec darunter, eine reformierte Minderheit im katholischen Umfeld zu sein, und zahlreiche Frauen beklagen die Entwurzelung, die sie nicht aus eigenen Stücken gesucht hatten. Gelegentliche Tiefs sind unausweichlich, das gesteht jeder ein, aber alle geben vor, sie überwunden zu haben. Letztlich zeigt sich die Kolonie der Schweizer Bauern im Ausland doch in überzeugender Weise zufrieden mit ihrem Schicksal. Trotzdem ist etwas Wahres an Camille Charrières Satz: «Wenn sie könnten, würden die Schweizer ihre kanadischen Farmen mit all ihren Vorteilen am liebsten zwischen die Alpen und den Jura verpflanzen. Das wäre dann zweifellos die beste aller Welten…»

Eine lange Tradition

Schweizer zeigen in Kanada schon seit langem Flagge, und die Auswanderung in diese Richtung ist auch keineswegs ein Monopol des Bauernstandes. In den ersten Jahren des 17. Jahrhunderts, vor der Ankunft der *Mayflower* in Neuengland, gehörten Schweizer zu den ersten Siedlern in Kanada, genauer gesagt in der neufranzösischen Region Akadien, die 1713 an England abgetreten wurde und aus dem heutigen Neuschottland sowie einem Teil von New Brunswick bestand. Eine zweite Welle, vor allem Luzerner und Westschweizer Soldaten, ließ sich in Quebec nieder, und es existiert sogar eine Bewilligung für den Namen «Canton des Suisses fribourgeois».

Im 18. Jahrhundert nahmen zahlreiche Schweizer Offiziere an der französisch-britischen Auseinandersetzung in der Neuen Welt teil, und unter der britischen Verwaltung hatten Schweizer bedeutende Positionen inne. Zweimal – und beidemal in

Frau Frieda Gasser, hier mit ihren vier Söhnen, ist 1951 mit ihrem Mann Ernest nach Kanada ausgewandert. Der Familienbetrieb in Pike River ist im Lauf der Jahre zu einem der größten ganz Quebecs angewachsen. 1989 umfaßte er 900 Hektar mit vierzehn Scheunen und siebenhundert Stück Vieh. Während der ersten fünf Wochen leben die Kälber in Plastik-Iglus. Damit können die in den Ställen häufig auftretenden Bronchialinfektionen vermieden werden.

schwierigen Augenblicken der kanadischen Geschichte – war der Generalgouverneur der Kronkolonie ein Schweizer: Ende des 18. Jahrhunderts der aus Yverdon stammende Frederick Haldimand und zu Beginn des 19. Jahrhunderts George Prevost, ein gebürtiger Genfer. Gegen den drohenden amerikanischen Einmarsch erbat letzterer Verstärkung in London und erhielt zwei Schweizer Einheiten: die Regimenter von Wattenwyl und de Meuron. Nach Einstellung der Feindseligkeiten beschlossen manche Soldaten und Offiziere, in Kanada zu bleiben, wo ihnen die Krone Land zuteilte.

Der erste Maler des Westens

Kurz danach, 1821, kam es zum Zug nach Westen, entlang dem Red River, an dem etliche Schweizer Familien teilnahmen, vor allem aus dem Berner und Neuenburger Jura, insgesamt annähernd hundertachtzig Personen. Die abenteuerliche Fahrt ins Indianerland wurde von einem der Schweizer, Peter Rindlisbacher, verewigt, der damit zum ersten Maler des amerikanischen Westens wurde.

Während des ganzen 19. Jahrhunderts ließen sich Schweizer Siedler in Kanada nieder, bis hin zur Westküste am Pazifik, allein oder in Gruppen, wie jene zweihundert Berner Bauern, die die Gegend um Nipissing in Ontario urbar machten. Manche gingen als religiös Verfolgte, wie die Mennoniten oder Anabaptisten, oder weil sie ihren Glauben verbreiten wollten, wie die reformierten Missionare. Nach den Soldaten, Bauern und Priestern gingen die Uhrmacher über den Großen Teich, dann folgten Ingenieure und Kaufleute.

1851 waren in Kanada zweihundertfünfzig Schweizer registriert, zwanzig Jahre später gegen dreitausend, davon die Hälfte in Neuschottland, dem ehemaligen Akadien, und annähernd tausend in Ontario. Vor dem Ersten Weltkrieg konnten sich sechstausendsechshundert auf ihre Schweizer Herkunft berufen. Seit 1921 sind in den Statistiken nur noch jene Schweizer erfaßt, die in der alten Heimat geboren sind, die andern gelten als waschechte Kanadier: Dennoch sind es noch 1921 achttausend, 1941 fast elftausend und dreißig Jahre später doppelt so viele. Der Einwanderungsstrom versiegt nie ganz, doch sind quantitative und qualitative Schwankungen festzustellen. Alljährlich erfaßt er zwischen sechshundert und dreitausendfünfhundert Eidgenossen. In den zwanziger Jahren machten die Bauern sechzig Prozent der Auswanderer aus, gefolgt von Vertretern des Gastgewerbes (16 Prozent) und des Handels (14 Prozent). Mit zunehmender Industrialisierung des Landes haben Facharbeiter und technisches Personal die Oberhand gewonnen, dann folgten die freien Berufe und der Dienstleistungssektor. Wirtschaftlich ist Kanada ein wichtiger Partner der Schweiz; die meisten international tätigen Unternehmen unseres Landes sind dort präsent.

Fifth Avenue, New York
Die feine Adresse

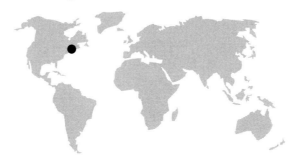

Wirtschaftlicher Erfolg kann sich in verschiedener Form manifestieren; als weltweit bekanntes Signet, aber auch als Firmen- oder Markenname, der so geläufig ist, daß er in den allgemeinen Sprachgebrauch eingeht. McDonald's, Coca-Cola und Jeep sind drei berühmte Beweise für diese Möglichkeiten. Auch in bescheideneren Dimensionen wird geschäftlicher Erfolg gern in äußeren Zeichen dargestellt, und sei es nur, indem man bestrebt ist, sein Geschäft von der Seitenstraße an eine bessere und schließlich an die beste Adresse der Stadt zu verlegen.

Das war so beim Schneider und Kaufmann des Mittelalters, und das ist nicht viel anders bei den großen, international tätigen Unternehmen, die sich bemühen, am geeigneten Standort Flagge zu zeigen, indem sie sich von einem Stararchitekten einen Haupt- oder Filialsitz hochziehen lassen, der möglichst höher und futuristischer ist als jener der Konkurrenz. So ist die «Hauptstraße Amerikas», die Sixth Avenue in New York, zur Aneinanderreihung gigantischer Wolkenkratzer geworden. Diese Glas-Stahl-Türme von beeindruckender Funktionalität und Klarheit der Linien gegenüber dem Rockefeller Center tragen Namen wie McGraw-Hill, Exxon oder Burlington, und von der Madison Avenue grüßen ATT, IBM, General Motors. An der Spitze der Halbinsel Manhattan steht ebenfalls ein Wald solcher Totempfähle des 20. Jahrhunderts. Die Bauten wetteifern miteinander, um die außergewöhnliche Dimension des jeweiligen Unternehmens zu demonstrieren. Je höher, desto schöner, sagt man sich. Aber auch desto teurer. Die Kosten für einen Wolkenkratzer im Zentrum von New York oder Tokio sind derart hoch, daß damit nachgerade der letzte Beweis für die Finanzkraft des Erbauers erbracht ist.

Im Ausland Flagge zeigen

Zu Hause dergestalt seinen Wohlstand zeigen zu können, bietet schon allerhand Befriedigung, sofern dieser Weg nicht in die Sackgasse, sondern zu einer Adresse in beneidenswerter Lage führt. Der eigentliche Erfolg in diesem durch die Universalität der Wirtschaft und der Märkte geprägten Jahrhundert ist jedoch, im Ausland präsent zu sein, und zwar wo immer möglich in den Hauptstädten der Weltwirtschaft, in New York, Tokio, London. Je nach Geschäftsbereich darf es auch noch Paris oder Rom sein. Dann aber ist Schluß: Frankfurt gilt nicht als fein genug. Sydney wird's vielleicht in Zukunft, São Paulo am Sankt-Nimmerleins-Tag.

Die Präsenz der Schweizer im Ausland, sowohl des einzelnen wie der Gemeinschaften, also der Fünften Schweiz, ist manchmal unübersehbar, häufiger aber unauffällig. Die wirtschaftliche Tätigkeit der Schweiz im Ausland, jene der Handelsfirmen, Banken und Multis, also der Sechsten Schweiz, ist gelegentlich diskret, häufiger aber augenfällig.

Geborgte Identität

Reist der Eidgenosse nach Japan, springt ihm die beherrschende Stellung Nestlés in die Augen, welche die Nummer 1 des Instantkaffees auf dem fernöstlichen Archipel innehat: verkündet von gigantischen Plakaten, wie man sie in diesen Ausmaßen fast nur in Japan findet. In der gesichtslosen Menge, inmitten der täglich fünf Millionen Passagiere im Bahnhof Shibuya, findet er für einen Augenblick eine Identifikationsmöglichkeit: Nestlé, das sind doch wir, das bin ich...

Bleibt er beim Kaffee, hat sich aber nach Kolumbien verirrt und begegnet einem Lastwagen der Spedition Panalpina, ist er zwar vielleicht im ersten Moment platt vor Überraschung, aber zugleich beruhigt: Noch ist nicht alles verloren, die zivilisierte Welt existiert noch, sie fährt für ihn, sie rollt für uns. Einen Augenblick hätte er fast das üble Kartell der Drogenbosse von Medellín vergessen...

Flaniert der Eidgenosse durch die Geschäftsstraßen irgendeiner fernen Hauptstadt, grüßen ihn zuerst die Schweizer Farben der Swissair, nicht der Botschaft. Und es wird ihm warm ums Herz, selbst wenn er mit Charter geflogen ist: ein kleines Stück Heimat ist da im Schaufenster, als farbiges Poster oder als Prospekt.

Schweizer Alphütten mit Fondue zu jeder Jahreszeit, Uhren und Schokolade *swiss made* in den Läden: Der Eidgenosse, der aus dem weichen Nest ausgezogen ist, um mit eigenen Flügeln zu fliegen, wird feststellen, daß all diese Fäden, die den ganzen Planeten umspinnen, dichter, aber auch feiner gewoben sind, als er es sich vorgestellt hat. Er wird sie in Singapur, in Auckland oder in Lomé ebenso antreffen wie in den entlegensten Ecken Amazoniens oder Patagoniens.

Wer Flagge zeigen will, tut das nicht irgendwo. Doch welche Adresse ist die beste? Die prestigeträchtigste, symbolkräftigste, die repräsentativste? Darüber läßt sich streiten, und unsere Wahl wird nicht uneingeschränkte Zustimmung finden.

Einige Argumente sprechen dennoch dafür. Bond Street, Via Veneto und Bahnhofstraße out? Jawohl, und zwar weniger wegen fehlender Vorzüge als wegen eines gewissen Mangels an Universalität. Und angesichts der harten Konkurrenz können Outsider, selbst noch so brillante, einfach nicht zu den Favoriten gehören.

Die Champs-Elysées... So ziemlich in jeder Stadt der Welt nennt man die eigene Prachtstraße gelegentlich «unsere Champs-Elysées». Doch obwohl Frankreich seinen Rang durchaus zu behaupten weiß, fehlt ihm indessen das wirtschaftliche und finanzielle Gewicht, als daß unter den erwähnten Gesichtspunkten wirklich kein Weg an den Elysischen Gefilden vorbeiführte.

Und was ist mit Tokio? In Japan, das zum reichsten Land der Welt geworden ist, boomt der Yen, die Aktien steigen ins Unermeßliche – zumindest bis vor kurzem –, und eine Niederlassung in Nippon zu haben ist für die Wirtschaftskapitäne dieser Welt nachgerade zur Obsession geworden. Aber soll es nun Ginza, Yurakucho, Shinjuku oder Akasaka sein? Allein schon diese Aufzählung zeigt, daß sich in Tokio kein Quartier oder Dorf wirklich aufdrängt. Man ist weit entfernt von den Champs-Elysées: An Lichtern fehlt es zwar nicht, jedoch eindeutig an Glanz und Pracht.

Das Symbol des wirtschaftlichen Erfolgs ist und bleibt das Amerika der Wall Street und von IBM, und die feinste Adresse ist eine Avenue, die sich wie manche Symphonien Beethovens mit einer schlichten Nummer als Namensersatz begnügt. Die Fünfte ist vermutlich die erste Straße der Welt.

In guter Gesellschaft

Eine Adresse in der Fifth Avenue – ein Traum! Oder zumindest die Gewißheit, in guter Gesellschaft zu sein. Alle großen Namen, die Wert auf Prestige legen, sind hier präsent: Für die berühmten Marken,

Midtown, das Herz von Manhattan in New York. Von der Spitze des Empire State Building aus gesehen – das mit seinen 381 Metern während vierzig Jahren das höchste Gebäude der Welt war – führt die Fifth Avenue zum Central Park hinauf. Als Anhaltspunkt die Saint Patrick's Cathedral, die im Wolkenkratzerdschungel winzig erscheint. In ihrer Nähe, rechts, baut der Schweizer Bankverein «seinen» Wolkenkratzer.

Für ein Ladengeschäft in der Fifth Avenue muß ein Vermögen hingeblättert werden. Die höchsten Mietzinse der Vereinigten Staaten werden auf diesem Abschnitt der berühmten «feinen» Geschäftsstraße verlangt, zwischen der 49. und 57. Straße. Das hindert bekannte Schweizer Marken nicht daran, hier Flagge zu zeigen: Schließlich haben sie einen Ruf zu verteidigen.

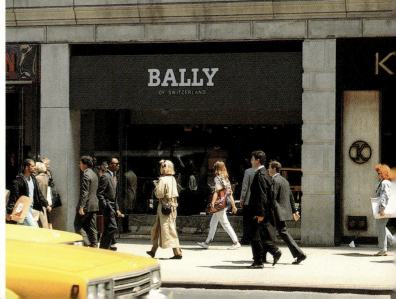

In der Fifth Avenue in New York reiht sich Schaufenster an Schaufenster, eines prächtiger als das andere. Doch hinter dieser Fassade und in den oberen Stockwerken befinden sich Tausende von Büros aus den verschiedensten Branchen. So arbeiten allein im Empire State Building über zehntausend Personen. Im Swiss Center präsentiert sich die nationale Fluggesellschaft zweifellos am auffälligsten, doch in den oberen Stockwerken haben noch zahlreiche andere helvetische Unternehmen eine Niederlassung oder zumindest eine Briefkastenadresse.

die ihren Rang behaupten wollen, ist das schlicht ein Muß. Und die Schweizer sind selbstverständlich dabei.

Nr. 665 zum Beispiel ist das Rolex Building, das an sich schon uhrmacherische Tradition und helvetische Zuverlässigkeit ausstrahlt. Darüber hinaus beherbergt es im achten Stock das Schweizer Generalkonsulat, früher an der Madison Avenue 444 wohnhaft und seit kurzem "befördert".

Etwas weiter unten, Ecke 52. Straße, beobachteten sich Cartier und Piaget über die Fünfte Avenue hinweg lange Zeit mit kritischen Augen ... 1988 flatterte die französische Trikolore erst an der einen Fassade, doch gab es bereits ermutigende Zeichen der Annäherung. Man kann schließlich nicht an Léman und Seine zur Hochzeit rüsten und in Manhattan schmollen.

In Nr. 711 hat Bally of Switzerland bei der Coca-Cola Company die passende Schuhgröße gefunden. Gegenüber, unmittelbar neben der presbyterianischen Kirche, unterzieht man die ausgezeichnete Buchhandlung von Rizzoli Editore gerade einer gründlichen Verjüngungskur und tut, als habe man vergessen, daß sie inzwischen in die Hände des Lausanner Edipresse-Konzerns übergegangen ist.

Nr. 608, das Swiss Center, ist das Aushängeschild einer Vielfalt von Schweizer Unternehmen. Im Erdgeschoß sagt Swissair von weitem erkennbar die Farbe an. «Excuse me, ich suche die Sandoz Corporation...» «Im 10. Stock.» «Und Girard-Perregaux, bitte?» «Das ist – Moment – Büro 703!»

Weiter zum wenige Schritte entfernten Rockefeller Center. Nr. 610: Teuscher Chocolates of Switzerland. Der berühmte Chocolatier gibt seiner ausgesuchten Kundschaft das Erfolgsrezept preis: «Unsere handgemachten Pralinen werden jede Woche aus der Schweiz eingeflogen!»

Etwas weiter unten, auf der linken Seite, «Raymond Weil, Genève»: Der goldene Schriftzug auf der Marmorplatte bildet einen ungewöhnlichen Kontrast zur marktschreierischen Werbung im benachbarten Hi-Fi-Geschäft, das sämtliche Wunder der japanischen Unterhaltungselektronik feilbietet. Der Würde des schweizerischen Pendülenfabrikanten vermag das wenig anzuhaben.

Die gute Adresse hat ihren Preis

Das wären also die «Schaufenster». Oder zumindest einige. Doch die Fünfte Straße besteht nicht nur aus Fassaden. Dahinter verbergen sich auch Tausende von Büros. Und welcher Geschäftsmann hätte nicht gern eine Visitenkarte mit einer Nummer der Fifth Avenue als Adresse gehabt. Pair oder Impair spielt da keine Rolle, der Gewinn ist auf Nummer Sicher.

Doch ein Büro in der Fünften Avenue ist teuer, und auch wenn es viel einbringen mag, kann sich's nicht jeder leisten. Die Schweizerin Dolores Iten hat das bestens begriffen. In Nr. 608 – einem 1933 von einem englischen Lord erbauten und seit 1965 von verschiedenen Teilhabern des Swiss Center gemieteten Gebäude, für die das Erdgeschoß schon viel zu eng ist – erfüllt ihr kleines Büro die verschiedensten Aufgaben. Sie ist Teilzeitsekretärin der American Swiss Association, hat daneben aber noch eine ganze Reihe weiterer Jobs. Tatsächlich hat Frau Iten mit der Business Contact Corporation ein eigenes Unternehmen gegründet, das Geschäftsleuten genau das anbietet, was diese suchen: eine Adresse in der Fünften Avenue, Telefon, Sekretariat, ein Büro und ein Konferenzzimmer. Dank bürotechnisch perfekter Organisation kann sie sich um alles kümmern und ihre verschiedenen Aufgaben offensichtlich problemlos meistern.

Unerschwingliche Büros

Dolores Itens Lösung ist selbstverständlich vorteilhaft, wenn man weiß, daß der *square foot,* der Quadratfuß, 250 bis 260 Dollar Jahresmiete kostet. Und da ein Quadratfuß 929 Quadratzentimeter groß ist, sind das immerhin 2700 Dollar pro Quadratmeter und Jahr oder 90 000 Franken für ein Büro von 20 Quadratmetern! Billiger dürfte das 1990 nicht geworden sein.

«Für einen Schweizer Geschäftsmann ist mein Büro ungeachtet des Dollarkurses eine interessante Möglichkeit, dank der er einen Fühler und eine professionelle ‹Absteige› in New York hat, ohne investieren zu müssen», betont Frau Iten. Überaus gesprächig in ihrer Rolle als Geschäftsfrau, bleibt sie über ihre Aufgabe als Sekretärin der American Swiss Association erstaunlich schweigsam. Sie begnügt sich mit einem Augenzwinkern und dem folgenden Kommentar: «Ich bin seit über dreißig Jahren hier, aber mit den Schweizern in New York heißt es aufpassen; da haben die Männer das Sagen...» Das Telefon läutet, ein Lämpchen blinkt. Der Anruf ist offensichtlich für die *business woman* bestimmt: Der geschäftsmäßige Ton des Gesprächs beweist, daß Dolores Iten über ein ungebrochenes Selbstbewußtsein verfügt. Der Rollenwechsel ist ihr offenbar zur zweiten Natur geworden.

Klappert man systematisch alle Briefkästen der Fifth Avenue ab, was zwar wenig erhebend, aber doch angenehmer ist, als die Kehrichtkübel der Bronx nach Eßbarem zu durchstöbern, überrascht die hohe Zahl der hier domizilierten Schweizer Firmen. Natürlich handelt es sich eben häufig nur um einen Briefkasten. Trotzdem zeigt die Schweiz hier Flagge, und nicht zu knapp: Am zahlreichsten ist dabei die Uhrenbranche vertreten, relativ dicht gefolgt von den internationalen Handelshäusern. Der Bankensektor folgt im Verein mit einigen Anlageberatern an dritter Stelle, obwohl die Finanzwelt eigentlich am untern Ende von Manhattan, rund um die Wall Street, zu Hause ist.

Der erste Schweizer Wolkenkratzer

Trotzdem hat es der Schweizerische Bankverein (SBV) vorgezogen, «seinen» Glaspalast in Midtown hochzuziehen, in dem Block zwischen der Fünften Avenue und der 49. und 50. Straße, gerade neben der berühmten Saint Patrick Cathedral. Bei diesem nicht unbedeutenden Immobiliengeschäft hat sich die Schweizer Bank mit Saks Fifth Avenue zusammengetan, dem angrenzenden traditionsreichen Warenhaus, dem das Grundstück gehörte. Die Arbeiten sind mit einiger Verspätung aufgenommen worden, da sich die Abbruchgenehmigungen verzögerten. Der erste «Schweizer Wolkenkratzer» in Manhattan hätte 1988 eingeweiht werden sollen, nun dürfte es 1991 werden. Um schon zuvor gemäß der geheiligten Formel die Position auf dem führenden Finanzplatz der Welt ausbauen zu können, hatte sich der SBV ein Hochhaus mit siebenundzwanzig Stockwerken und einer Bürofläche von 65 000 Quadratmetern im Wall-Street-Quartier geleistet. Andere hätten sich damit begnügt – aber es ist eben ein bißchen weit bis zur Fifth Avenue.

Dreisprachige Schule in Kolumbien
Das Colegio Helvetia

Eines der häufigsten Probleme für Schweizer, die mit ihrer Familie im Ausland leben, ist die Einschulung der Kinder, vor allem wenn die einheimische Infrastruktur ungenügend, das Niveau des Unterrichts bescheiden, die Fortsetzung der Studien schwierig und die Sprachgrenze unüberwindbar ist. Wohnen sie beispielsweise in Frankreich, Deutschland oder den Vereinigten Staaten, ist diese Sorge mehr oder weniger belanglos; für Schweizer in der Dritten Welt oder in kulturell völlig verschiedenen Ländern wie Japan steht sie hingegen sehr schnell im Vordergrund. Was tut man in solchen Fällen?

Die Kinder in der Schule einer westlichen Großmacht einzuschreiben, deren schulische Institute weit verbreitet sind, ist die häufigste Lösung. Sie sichert die Ausbildung in einer Weltsprache, nach Programmen des Mutterlandes, was für eine spätere akademische Laufbahn nur von Vorteil sein kann. So besuchen Tausende kleiner Schweizer in allen Ecken der Welt amerikanische, englische, deutsche oder französische Schulen. Schweizerschulen hingegen sind viel seltener, aber es gibt sie: sieben in Europa, ebenso viele in Lateinamerika, zwei in Asien und eine in Afrika. Insgesamt siebzehn von der Eidgenossenschaft anerkannte Institute. Wir haben die größte besucht, jene in der kolumbischen Hauptstadt Bogotá.

Die Schüler von Turnlehrer Maurizio Morales in ihren prächtigen, leuchtendroten T-Shirts sind nicht wenig stolz; sie drücken die Brust heraus, auf welcher der Schlachtruf prangt, mit dem sie noch vor kurzem von begeisterten Fans angefeuert wurden: «Helvetia! Helvetia!» Und sie haben ja auch allen Grund, stolz zu sein, haben sie doch soeben in einem harten Kampf den Sieg in der kolumbischen College-Basketball-Meisterschaft errungen. Zweiunddreißig Teams standen sich gegenüber, darunter die gefährlichen Rivalen der amerikanischen, französischen und italienischen Schulen. «Das spielerische Niveau ist ausgezeichnet», meint ein Trainer. «Basketball ist beliebt, aber wir haben auch Volley- und Fußballmannschaften. Wir sind eine moderne Schule, Sport hat hier einen hohen Stellenwert. Die Jungen schätzen das und sind sehr diszipliniert.»

Wie die Angelsachsen

Das tropische Grün der Umgebung, die Uniformen, die gleichzeitig ernsthafte und sportliche Ambiance spielerischen Wettbewerbs, all das erinnert eher an angelsächsische College-Atmosphäre als an die Schulhöfe in Zollikon oder Neuenburg. Die Blondschöpfe aus Baden oder Bern sind übrigens keineswegs in der Mehrzahl. Pechschwarzes Haar über bräunlichen Gesichtern und feurigen Augen verraten das lateinamerikanische Erbe eines großen Teils der Schüler; sie gehören dennoch zu den eifrigsten Anhängern von Helvetia.

«Wir bemühen uns hier um eine ganzheitliche

Erziehung», erklärt Gérard Laissue, Leiter der Primarschulstufe. «Wir wollen die Persönlichkeit in allen schöpferischen Bereichen entwickeln. Singen, Vortragen, Theaterspielen und Töpfern nehmen einen wichtigen Platz ein, ebenso Gärtnern, Kochen, Bügeln und Nähen, auch für die Buben. All das ist in den normalen Stundenplan eingebaut, dazu kommen noch zusätzliche Lektionen für gezielte Schulung entsprechend den Fähigkeiten und Neigungen der Schüler. Wichtig ist, daß die Lehrer selbst Hobbys haben, die Schüler profitieren davon. Die Wirkung dieses Ansatzes ist spürbar: Unsere Schüler freuen sich auf den Unterricht. Und die meisten nehmen an allem teil: sie üben sämtliche angebotenen Sportarten aus, spielen Theater, schreiben sich für die nationale Olympiade im Rechnen ein, und alle zeigen Einsatz; es ist einfach großartig.»

Die erste Schweizerschule in Südamerika wurde vor Ausbruch des Zweiten Weltkriegs in Chile eröffnet, und zwar auf Initiative des Schweizervereins von Santiago, den der nazistische Einfluß in der deutschen Schule beunruhigte, in die man zuvor die kleinen Deutschschweizer geschickt hatte. Die Schweizerschule in Bogotá ist auch bereits eine rüstige Vierzigerin, 1949 von Schweizern gegründet, die sicherstellen wollten, daß ihre Kinder bei der Heimkehr den Übertritt problemlos schaffen und dort auch unter besten Bedingungen studieren könnten. Die meisten der siebzehn Schweizerschulen im Ausland sind aus diesem Beweggrund entstanden.

Zweisprachige Schule

Neben der Tatsache, daß die Schule in Bogotá vor derjenigen in Lima die größte ist, hat sie noch eine Besonderheit: Sie ist die einzige, die ein vollständiges Unterrichtsprogramm in Französisch anbietet. Die deutsche Abteilung, die sonst überall vorherrscht, wurde in Bogotá erst zwanzig Jahre später geschaffen, obwohl die Schulgründer paradoxerweise mehrheitlich Deutschschweizer waren. Michel Vicquerat erklärt das so: «Französisch hat in Kolumbien immer eine große Bedeutung gehabt, und das ist bis heute so geblieben; es wird auch an den Landesschulen unterrichtet, und Kolumbianer, die ihre Kinder bei uns einschreiben, ziehen meist die französische Abteilung vor. Die Tatsache, daß die ehemaligen Schüler aus historischen Gründen mehrheitlich diese Abteilung besuchten, spielt von Generation zu Generation eine Rolle. Davon abgesehen haben wir heute eine echt zweisprachige Schule, und das ist ein ausgezeichnetes Konzept. Rio macht es uns übrigens jetzt nach, dort wird schrittweise eine französische Abteilung aufgebaut.»

Patenkantone

Diese Zweisprachigkeit freut die Patenkantone, welche nicht ohne Bedacht ausgewählt wurden; Bern und Wallis haben ja selbst je eine anderssprachige Minderheit. Als Privatinstitute im öffentlichen Interesse werden die Schweizerschulen im Ausland von der Eidgenossenschaft unterstützt. Doch diese Beiträge haben mit den Erfordernissen eines immer kostspieligeren Unterrichts bei weitem nicht Schritt gehalten. Einige Schulen mußten sogar schließen. Ein neues, in den achtziger Jahren ausgearbeitetes Gesetz soll das überaus komplizierte Subventionssystem vereinfachen, die Lasten verteilen und die Kantone, die das Patronat über diese Schulen übernommen haben und sie schulisch unterstützen, besser integrieren. Der Bund wird seinen mickrig gewordenen Beitrag erhöhen, um die wirtschaftliche und kulturelle Entfaltung der Schweiz im Ausland zu fördern. Das Gesetz soll schließlich auch jenen jungen Schweizern helfen, die keine derartige Schule besuchen können.

«Der Bund will sich nicht im Detail um die

Umgebung, Baustil und Vegetation verleihen dem Colegio Helvetia in Bogotá eine koloniale und tropische Atmosphäre. Die Schweizerschule ist ein Hafen des Friedens inmitten der Hauptstadt Kolumbiens, die heute von Unsicherheit, der Furcht vor Attentaten und Entführungen sowie dem Kampf gegen die Drogenhändler und das Kartell von Medellín bestimmt ist.

Im Colegio Helvetia sind schulische Experimente möglich, die von den Lehrern sehr geschätzt werden, und es bietet diesen fast ideale Arbeitsbedingungen. Die hohe Qualität des Unterrichts trug der Schule übrigens Anerkennung aus Bern und einen ausgezeichneten Ruf in Bogotá ein. Sechshundertsechzig Schüler – vom Kindergarten- bis zum Maturaalter – besuchten 1987 das Colegio, ein Viertel davon waren Auslandschweizer.

Führung der Schulen kümmern», meint Michel Vicquerat. «Er wird weiterhin seine Rolle als Geldgeber spielen, indem er die Löhne und Sozialleistungen zahlt. Die Kantone werden sich wie bis anhin nach eigenem Gutdünken und nach ihren Möglichkeiten beteiligen, aber mit offiziellem Mitspracherecht. Sie helfen vor allem mit Schulmaterialien und in pädagogischer Hinsicht. Das neue Gesetz wird ihre Stellung stärken, ohne sie in die Rolle des Vormunds zu versetzen. Die Beziehung ist eher mit jener zwischen Götti und Gottenkind zu vergleichen. Unser Fall ist insofern einzigartig, als wir zwei Patenkantone haben. Zu Bern ist kürzlich noch das Wallis gekommen. Dabei ist es darum gegangen, nach der Abtrennung des Juras ein neues Gleichgewicht zu schaffen.»

Im Schuljahr 1986/87 zählte das Colegio Helvetia in Bogotá 660 Schüler, davon 170 Schweizer, und 42 Lehrer, darunter 22 Eidgenossen, den Rektor und den Leiter der Primarstufe inbegriffen. Der Anteil der schweizerischen Schüler ist ein wichtiges Element; er entscheidet über die Anerkennung durch den Bund. Manche Schulen sind nicht zustande gekommen oder mußten schließen, weil die erforderliche Quote nicht oder nicht mehr erreicht wurde.

«Erste Aufgabe der Schule ist es, die Kinder von Schweizern zu unterrichten und dafür zu sorgen, daß sie den Kontakt mit der Kultur und dem Unterrichtssystem der Heimat nicht verlieren», sagt Rektor Vicquerat. «Doch sie muß auch – aus naheliegenden moralischen und finanziellen Gründen – den Einheimischen offenstehen. Das wird übrigens vom Gastland häufig zur Bedingung gemacht. Um nach dem alten Gesetz von Bern anerkannt zu werden, müssen mindestens 30 Prozent der Schüler schweizerischer Herkunft sein. Das neue Gesetz hält an diesem Ansatz fest, bestimmt jedoch, daß bei Schulen mit über hundert Schülern 20 Prozent genügen. Wir liegen hier bei 25 Prozent, was nun keine Ausnahme mehr ist.»

Ghettobildung vermeiden

Es versteht sich von selbst, daß eine Primar- und Sekundarstufe mit zwei vollständigen Sprachabteilungen mit den Schweizerkindern allein nicht existieren könnte. «Außerdem ist es wichtig, die Integration der jungen Schweizer in Kolumbien zu fördern und Kontakte zwischen den beiden Gemeinschaften zu knüpfen», meint der Lehrer Jacques Repond. «Es darf auf keinen Fall ein Ghetto für die kleinen Schweizer im Ausland geschaffen werden.»

In dieser Beziehung ist in der Schweiz ein Vorwurf häufig zu hören: Die Schweizerschulen seien nur für Privilegierte da, für Schweizer und vermögende Einheimische. «Es ist unbestreitbar ein Privileg, studieren zu können, und dies ganz besonders in einem Drittweltland», gibt Repond zu. «Doch man sollte nicht glauben, unsere Schule richte sich in erster Linie an die einheimische Oberschicht. Es stimmt zwar, daß es für ein Kind aus den Elendsvierteln unvorstellbar ist, eine solche Schule zu besuchen, und die Schranken sind dabei nicht nur finanzieller Art. Wir werden jedenfalls von den kolumbischen Behörden verpflichtet, Stipendien auszurichten, und das ist ein wertvoller Beitrag der Schweiz in einem Gastland mit derart großen Schwierigkeiten.» Man kann feststellen, daß die Eltern unserer einheimischen Schüler dem Mittelstand angehören: Lehrer, Beamte, Ingenieure. Sie haben selbst studiert und wissen, wie wichtig eine gute Schulbildung ist; deshalb sind sie auch bereit, große Opfer zu bringen, um ihren Kindern eine gute Ausbildung zu ermöglichen. Das ist oft das einzige, was sie ihnen hinterlassen können.»

Im Colegio Helvetia werden Französisch und Deutsch nicht als Fremdsprachen unterrichtet, sondern in beiden Abteilungen als Muttersprache. Für die kleinen Kolumbier beginnt dieser erste Kontakt mit den Worten Voltaires oder Goethes im Kindergarten, mit fünf Jahren. In der 1. Primarklasse werden zwei Drittel des Unterrichts in einer

Das Colegio Helvetia stellt sich eine Videothek zusammen, indem es in der Schweiz Fernsehsendungen und Filme aufzeichnen läßt. Videobänder erweisen sich als überaus nützliches Unterrichtselement, das den Lehrern Material zur Verfügung stellt, welches zuvor in einem Land wie Kolumbien unerreichbar war. Selbst der Sportlehrer setzt sie ein, um die Leistungen der Schulchampions zu steigern.

der beiden Sprachen erteilt. In der 2. Klasse überwiegt das Spanische gegenüber den beiden Schweizer Landessprachen, ohne sie deshalb zu verdrängen. Am Ende vermögen die Schüler jedoch ungeachtet ihrer Muttersprache den schweizerischen und den kolumbischen Ansprüchen zu genügen.

Die Integration des Lehrkörpers

In Sachen Integration sind die Schweizer Lehrerinnen und Lehrer in Bogotá beispielhaft; viele sind mit kolumbischen Partnern verheiratet, deren Anziehungskraft offensichtlich unwiderstehlich ist. Doch das ist nicht die einzige Erklärung für den geringen Wechsel im Lehrkörper, das könnte ja auch ganz andere Folgen haben. Wir wollen dies offenlassen, doch der erste Grund, den Rektor Michel Vicquerat vorbringt – er hat übrigens ebenfalls hier Wurzeln geschlagen –, ist beruflicher Art: «Die Arbeitsbedingungen für den Unterrichtenden sind außergewöhnlich. Wir können in einer solchen Schule vieles machen, was in der Schweiz undenkbar wäre, weil dort die Verwaltung alles vorschreibt. Hier ist man äußerst frei. Das bedeutet auch viel mehr Arbeit, da sowohl der schweizerische wie der kolumbische Stoff unterrichtet werden muß. Die Anweisungen des kolumbischen Erziehungsministeriums zwingen uns manchmal zu brüsken Stundenplanänderungen. Doch die Anpassung wird improvisiert und ist viel leichter als in der Schweiz. Diese Anpassungsfähigkeit, dieser Spielraum werden von Lehrern, die ihren Beruf lieben, besonders geschätzt.»

Gérard Laissue faßt den Geist, der hier herrscht, auf seine Weise zusammen: «Schulreform? Hier hockt man sich an den Tisch und spricht miteinander...» Der Bieler Lehrer wurde 1967 zuerst nach Peking berufen, doch als er gerade aufbrechen wollte, durchkreuzte die Kulturrevolution seine Pläne. So kam er nach Bogotá, um die Primarstufe zu leiten. Wie sieht er seine Zukunft? «Ich lebe jetzt zwanzig Jahre auf Abruf in Kolumbien», meint er scherzhaft. «Nachts habe ich manchmal Alpträume: Hierbleiben oder in die Schweiz zurück? Von Kolumbien aus idealisiert man die Heimat, und umgekehrt, wenn man dort ist. Es ist ein Teufelskreis.»

Pädagogisches Experiment

Sämtliche Lehrer, die wir in Bogotá befragten, haben sich begeistert über das schulische Experiment geäußert, an dem sie hier teilhaben. Das Colegio Helvetia hat in Bogotá einen ausgezeichneten Ruf. Im Schnitt erreichen seine Schüler die besten Ergebnisse bei den staatlichen Maturitätsprüfungen oder bei den Zulassungsexamen zur Universität. 1981 beauftragte der Kanton Bern Hans Stricker, Leiter des kantonalen Büros für pädagogische Forschung mit der Bewertung der Arbeit im Colegio Helvetia. Sein Bericht fiel überaus wohlwollend aus; er bescheinigte dem Institut, daß der Unterricht in den Hauptfächern den besten Beispielen in der Schweiz gleichkomme, und meinte gar, in bestimmter Hinsicht sei das Colegio Helvetia weiter, «weil Neuerungen in einer einzelnen Schule leichter durchzusetzen sind als in einem ganzen Kanton».

Von der Reise an die Arbeit

Warum und wie kommt ein Lehrer nach Kolumbien, um dort zu bleiben? Die Laufbahn von Michel Vicquerat steht da für viele. Der Genfer schließt 1967 mit einem Lizentiat in Ökonomie und Sozialwissenschaft ab und bricht anschließend im Döschwo nach Afrika auf, um den Kontinent von einem Ende zum andern zu durchqueren. Sein Plan wird von zwei Kriegen behindert, von denen man damals noch kaum sprach: dem Biafrakrieg auf dem Hinweg, demjenigen in Moçambique auf der Rückreise. Schließlich findet er sich auf einem Frachter mit Destination Lissabon wieder, zu früh, als daß seine Begier, die Welt zu entdecken, gestillt gewesen wäre.

Er beschließt, wieder ins Ausland zu gehen, aber diesmal, um zu arbeiten und eine Weile dort zu bleiben. Die Erfahrung hat ihn gelehrt, daß es in dieser Beziehung besser ist, vor dem Aufbruch einen Vertrag in der Tasche zu haben. Er bewirbt sich in allen Himmelsrichtungen – Kamerun, Türkei, Kanada, USA, Südafrika – und unterrichtet in der Zwischenzeit an einer Schweizer Berufsschule. Auf dem Weg über das Komitee für europäischen Austausch, das nach dem Krieg geschaffen worden war, gelingt es ihm, einen Posten als Lehrer für Geographie und Geschichte an der Schweizerschule in Bogotá zu ergattern. Im August 1969 kommt er in Kolumbien an. Zwanzig Jahre später ist er noch immer dort. In der Zwischenzeit hat er eine Kolumbierin geheiratet, eine Familie gegründet und Werner Lutz als Schulleiter abgelöst.

Unsicherheit

Am stärksten beeindrucken einen in Bogotá zu Ende der achtziger Jahre die Allgegenwart bewaffneter Wächter in den Villenquartieren, die Kinderbanden in den Elendsvierteln, ein diffuses Gefühl der Unsicherheit, das alles ins Gedächtnis ruft, was man über Kolumbien in den westlichen Medien gehört, gesehen und gelesen hat: die allgemein verbreitete Gewalt, die verschiedenen Verbrechen des Drogenkartells von Medellín, Raub- und politische Morde, das zweifelhafte Bündnis zwischen Guerilleros und Drogenhändlern ... Der erste Eindruck in der Hauptstadt ist beängstigend und bildet einen auffälligen Gegensatz zur idyllischen Ruhe des Colegio Helvetia und den Berichten seiner Lehrer.

«Das Leben in Kolumbien ist angenehm», faßt Michel Vicquerat zusammen. «Die Sonne scheint das ganze Jahr, auch in der Regenzeit, und die Temperatur liegt immer bei 18 bis 20 Grad, ohne große klimatische Schwankungen. Der Kontakt mit der einheimischen Bevölkerung ist herzlich und unkompliziert; das beweist die Zahl der Heiraten zwischen Europäern und Kolumbiern. Auch mit den andern ausländischen Gemeinschaften sind die Beziehungen gut, besonders eng mit den Franzosen und den Deutschen, deren Schulen unsere Zöglinge aufnehmen, welche das französische Bakkalaureat oder das deutsche Abitur machen wollen. Sie sind dabei übrigens recht erfolgreich. Auf kultureller Ebene sind wir in Bogotá eher verwöhnt, da hier in der Hauptstadt einiges geboten wird. Amerikanische Filme laufen hier früher als in der Schweiz. Französische nehmen allerdings den Umweg über die Vereinigten Staaten und werden in englischer Version mit spanischen Untertiteln gezeigt!»

Die Videotechnik hat den Auslandschweizern auch für den Unterricht neue Möglichkeiten eröffnet: «Ein Lehrer, der zur selben Zeit wie ich gekommen ist, macht gegenwärtig einen zweijährigen Austausch mit einem Waadtländer Kollegen aus Blonay. Die Zeit nutzt er, um für uns möglichst viele kulturelle Sendungen und Filme aufzuzeichnen. Und ein Vertreter der Schulkommission, der nach Zürich gezogen ist, macht das ebenfalls. So können wir eine richtige Videothek aufbauen.»

«Damit auskommen lernen ...»

Und die Unsicherheit? Die Schweizer Lehrer leugnen sie nicht und wollen das Problem auch nicht beschönigen, meinen aber alle, daß man sich daran gewöhne: «Man lernt damit auszukommen», meint Jacques Repond. «Wir sind hier nicht in der Schweiz. Es gilt gewisse Vorsichtsregeln zu beachten, ohne hysterisch zu werden. Wovor man sich am meisten fürchtet, sind die Entführungen. Wenn man weiß, daß der Radrennfahrer Luchio Herrera,

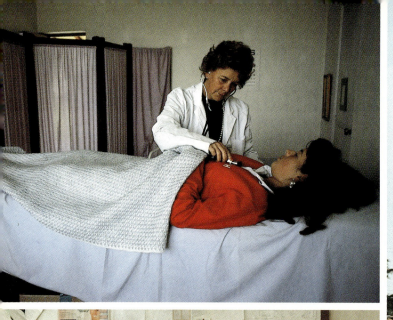

Die Schweizerschule ist kein Internat, und jeden Tag besorgen Dutzende von Bussen den Transport der Schüler. Mittags essen die Zöglinge in der Schule, außerdem steht ihnen ein Krankenzimmer zur Verfügung, und sie können ihre Aufgaben in der Bibliothek machen. Die Lehrer besprechen sich so oft wie möglich und arbeiten eng zusammen. Verschiedenste Freifächer fordern zusätzliche Anstrengungen, werden aber rege besucht, ob es sich nun um Mannschaftssport, Musik, Gärtnern, Fotografieren oder Theaterspielen auf deutsch, französisch und spanisch handelt.

ein Nationalheld, einen Waffentragschein für seine Trainingsfahrten mit dem Velo beantragt und erhalten hat, wird man schon nachdenklich ...»

Das beeinträchtigt jedoch die berufliche Begeisterung der Lehrer nicht, die alle überglücklich sind, in der Schweizerschule in Bogotá unterrichten zu dürfen. «Ich habe die Schüler gern», sagt Hans Lippuner, der in der deutschen Abteilung Geographie und Geschichte sowie Turnen erteilt. «Sie sind einfach sympathischer als in der Schweiz, identifizieren sich mehr mit ihrer Schule und setzen sich auch dafür ein. Die allgemeine Ambiance, die sich daraus ergibt, gefällt mir sehr.»

Freiheit und Harmonie

Fredi Gerster, Deutschlehrer und Fußballtrainer, ist überzeugt, daß initiative Leute sich hier besser selbst verwirklichen können als in der Schweiz: «Wir können unsere Vorstellungen unter außergewöhnlich freien Bedingungen entwickeln und umsetzen. Aber auch in Harmonie: Wenn wir ein Theater inszenieren, arbeiten alle Kollegen zusammen. Und alles spielt sich in einem phantastischen Klima ab, sowohl bei den Schülern wie unter den Lehrern.»

Er ist seit über zehn Jahren in Bogotá und hat eine Kolumbierin geheiratet: «Das ist eine gute Mischung; ich kenne keine schweizerisch-kolumbischen Paare, bei denen es nicht klappen würde...» Gerster lobt die Offenheit der Kolumbier gegenüber Ausländern. Er nutzt sie, um den Schüleraustausch mit Klassen in Sankt Gallen und Bern zu organisieren, und hat keine Mühe, hier Familien zu finden, welche die jungen Schweizer aufnehmen. Das ist auch eine Gelegenheit, zu kontrollieren, ob das Ausbildungsniveau auf ungefähr gleicher Höhe ist, auch wenn die Programme nicht aufeinander abgestimmt sind.

Als der Berner Beobachter Hans Stricker die Schule in Bogotá inspizierte, hatte das Thema Auslandschweizerschulen in der Schweiz gerade für einige Aufregung gesorgt. Sollte man weiterhin die begüterten Klassen der Drittweltländer unterstützen, indem man diese Schulen subventionierte? Manche waren der Ansicht, die Schweizerschulen würden gescheiter die Armen unterrichten. Niemand wagte vorzubringen, daß sie auch die künftigen Kader dieser Länder schulen müßten, Leute, die einmal wichtige Positionen einnehmen würden und der Schweiz nützlich sein könnten. Heute darf das gesagt werden, ohne daß der Protest allzu laut ist, und das neue Gesetz verkündet diese Lesart, indem es von kultureller und wirtschaftlicher Entfaltung der Schweiz spricht.

«Die dreizehn oder vierzehn Jahre Schulzeit im Colegio Helvetia verbinden die kolumbischen Schüler für immer mit der Schweiz», versichert Jacques Repond. «Und man darf nicht vergessen, daß wir der fünftgrößte Investor in Lateinamerika und sogar der zweite in Kolumbien sind. Die Ausbildung ist eine langfristige Investition, und die Schweiz ist mehr als jedes andere Land auf seine menschlichen Ressourcen angewiesen, wie man heute sagt.»

Austausch zwischen den Gemeinschaften

Jacques Repond betont die wichtige Rolle seiner Schule in den Beziehungen der beiden Länder: «Sie begünstigt sie unbestreitbar, und man muß blind sein, wenn man nicht einsehen will, daß die Schweiz davon profitiert. Die Schweizerkolonie hat sich verändert. Es gibt heute viel weniger bedürftige Schweizer in Kolumbien, obwohl auch das noch vorkommt. Und die Einwanderungswelle ist vorbei, das sehen wir deutlich an unseren Beständen. Aber es kommen immer wieder neue Kader, die bei unseren internationalen Gesellschaften arbeiten, die ja in Kolumbien stark vertreten sind. Auch wenn sie nur einige Jahre bleiben, ja gerade dann ist unsere Schule wichtig. Ihre Kinder müssen nicht unter der Internationalisierung der Geschäftswelt leiden, die sie von der Heimat fernhält. Schließlich ist die Schule auch eine Stätte des kulturellen Austausches zwischen den Gemeinschaften. Das ist für die Zukunft sehr wichtig. Wenn man sieht, wie sich diese Kinder problemlos vertragen und enge Freundschaften knüpfen, kann man sich vorstellen, daß sie das auch im Beruf nicht vergessen werden. Sie werden den Dialog im Interesse der beiderseitigen Heimatländer fortsetzen. Wichtig wäre, das möchte ich noch anfügen, auf die Bestimmungen zu verzichten, die uns zu einem gewissen Zeitpunkt die Einschulung kolumbischer Kinder verbieten werden, weil der Anteil der Schweizer sinkt und das Verhältnis nicht eingehalten werden kann.»

Schülerschwund

Die Entwicklung der Schülerzahl und die Frage der Quoten beschäftigt noch immer alle Geister. Gérard Laissue erinnert sich: «Als ich vor zwanzig Jahren hier ankam, hatten wir 1200 Schüler. Heute sind wir bei 660, sind aber immer noch für den doppelten Bestand ausgerüstet. Bogotá hatte damals weniger als zwei Millionen Einwohner, heute sind es über sieben Millionen. Die Schweizerkolonie hingegen ist eher zurückgegangen. Wir sind heute in Bogotá achthundert; im ganzen Land verstreut sind es nochmals etwa tausend Schweizer, die theoretisch unsere Klassen füllen könnten – aber denken Sie an die Entfernungen und die praktischen Schwierigkeiten. Wir haben an eine Art Internat gedacht, doch das hat sich als unmöglich herausgestellt.»

Und was würde geschehen, wenn die Eidgenossenschaft der «Schweizerschule in Bogotá» die Anerkennung entzöge? Rektor Michel Vicquerat zögert keine Sekunde: «Dann würden uns die Mittel fehlen, um wie bisher arbeiten und das Unterrichtsniveau halten zu können. Wir könnten die Löhne der Schweizer Lehrer nicht zahlen; ihnen verdanken wir aber die ausgezeichneten Leistungen in Deutsch und Französisch. Natürlich würde die Schule, die ja ein Privatunternehmen ist, aufrechterhalten, doch mit dem Schweizer Qualitätslabel, das sie unseren Lehrern verdankt, wäre es vorbei. Das würde der Präsenz, der Ausstrahlung und dem Ansehen der Schweiz in Kolumbien schweren Schaden zufügen.»

Schweizer Bischöfe in Bolivien
Mission in Amazonien

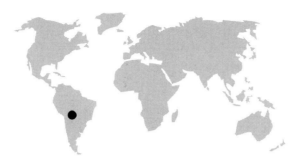

Es gibt Gegenden auf diesem Planeten, die scheinen von den Göttern vergessen worden zu sein. Das nordostbolivianische Alto Beni gehört dazu. Am Ostabhang der Anden gelegen, ist die Region einen Teil des Jahres von der Welt abgeschnitten. Überschwemmte Pisten, unbefahrbare Flüsse ... einzig der Luftweg steht noch offen, solange die Landebahnen sich nicht in Sümpfe verwandeln und überhaupt Flugzeuge zur Verfügung stehen. Das Schicksal der notleidenden und isolierten Bevölkerung hat die Verantwortlichen in La Paz beziehungsweise in Sucre, der verfassungsmäßigen Landeshauptstadt Boliviens, nie groß gekümmert. Im Gegensatz zu den Missionaren des katholischen Redemptoristenordens, der 1732 für die Volksmission gegründet wurde und der sich heute weltweit bemüht, das Schicksal der Ärmsten zu verbessern.

Anderthalbmal die Schweiz

1942 kommen vier Ordenspater und ein Ordensbruder hier an und teilen sich das riesige Territorium für ihre Seelsorgearbeit auf. Zu ihnen gehört der Walliser Joseph Tscherrig, der fünfzehn Jahre später zum Bischof geweiht wird und eine Kathedrale in Reyes erbauen läßt, einem «Dorf» mit einigen tausend Einwohnern, fast ausschließlich Indios. Von hier aus durchstreift er sein Bistum im Einbaum oder hoch zu Roß. Es umfaßt sechzigtausend Quadratkilometer Wald und Pampa, also anderthalbmal die Fläche der Schweiz, und zählt rund hunderttausend Einwohner, die weit verstreut leben. Ein Schweizer Bischof in Bolivien? Ungewöhnlich, aber nicht einmalig, folgte doch Anfang der siebziger Jahre ein zweiter, der Jurassier Roger Aubry.

«Als Monsignore Tscherrig 1970 zurücktrat, kam ich als Administrator, um auszuhelfen. Eigentlich hatte ich mir vorgestellt, ein, zwei Jahre zu bleiben», meint Roger Aubry fast zwanzig Jahre später. «Das war eine der Gnaden meines Lebens. Ich bin geblieben und habe das nie bereut.» 1973 ist er zum Bischof ernannt worden.

Monsignore Aubry spricht viel von der bewundernswerten Persönlichkeit seines Vorgängers, der bei den Einheimischen unvergessen bleibt. Das zeigt sich jedesmal, wenn man von ihm spricht. «Ah, Monseñor Alfonso!» tönt es aus aufleuchtenden Gesichtern. Alfonso hat er sich genannt, weil er fand, es gäbe bereits genügend Josés (Josefs) unter seinen Schäfchen. Er hatte bereits seit 1930 in Bolivien gewirkt, als er 1942 in die abgelegene Region Beni kam, um das Evangelium neu zu verkünden. Laut Roger Aubry wurde er gut aufgenommen: «Nach sechs Monaten konnte er das Osterfest von 1943 gemeinsam mit einem Mann, fünf oder sechs Frauen und einem Dutzend Kindern feiern. Damals zählt Reyes weniger als neunhundert Einwohner, und er machte sich auf, diese im *campo,* dem Buschland, verstreut lebenden indianischen Bauern zu besuchen. Es war, als habe man auf ihn gewartet. Von Zeit zu Zeit hatten diese Leute einen Priester gesehen, der aber ebenso schnell wieder abgereist war. Nun war da plötzlich jemand, der ihretwegen gekommen war und der blieb. Dafür waren sie ihm dankbar.»

Eine ergreifende Würdigung

Als Bischof Tscherrig aus Gesundheitsgründen – und um frischen Kräften Platz zu machen – auf sein Amt verzichtete, blieb er in Reyes. «Er hat noch rund zwölf Jahre hier gelebt», erzählt Roger Aubry, «und dabei eine einfache, demütige, aber außergewöhnliche seelsorgerische Arbeit geleistet. Als er 1982 starb, haben die Dorfbewohner verlangt, daß er in der von ihm erbauten Kathedrale aufgebahrt werde. Er ist abends um neun gestorben, und die ganze Nacht, den ganzen folgenden Tag und die zweite Nacht haben sie bei ihm Totenwache gehalten. Hier wird man im allgemeinen gleich am nächsten Tag beerdigt, doch sie wollten mich dabei haben. Ich war jedoch in Cochabamba, an der Bischofskonferenz. Am zweiten Tag ist es mir dann gelungen, im Flugtaxi von La Paz herzufliegen. Das hat mich schon beeindruckt: Die Kathedrale war gedrängt voll, schon seit zwei Tagen. Das ganze Dorf bewachte den Leichnam des Bischofs. ‹Er war einer der unsern und hat uns nie verlassen, also verlassen wir ihn jetzt auch nicht!› Es war ergreifend, diesen Eifer, diese Liebe und unglaubliche Dankbarkeit einem einzelnen gegenüber mitzuerleben.»

Bischof Alfonso war den Bauern eng verbunden gewesen. Er hatte ihnen viel geholfen, die Betriebe zu führen, richtig zu kalkulieren und zu planen. Sein Einfluß im Züchterverein war ausschlaggebend: Er setzte bessere Bedingungen durch, um die Verschuldung der Züchter zu mindern und ihren Ruin zu verhindern. Dabei war er zum anerkannten Rinderzuchtexperten geworden. Viehzucht hatte in der Gegend eine bedeutende Rolle gespielt, und viele Züchter waren aus dem Ausland gekommen. Sie hatten eine geradezu luxuriöse Infrastruktur geschaffen, um das Fleisch täglich per Flugzeug nach La Paz zu transportieren – so als würde jeden Tag Fleisch von Sizilien nach Paris geflogen! In dieser Region ohne Verbindungswege haben sie Hunderte von Flugplätzen gebaut, beinahe jede *estancia* hatte ihren eigenen! All dies funktionierte gut, solange der Kilopreis bei zwei Dollar lag. Doch mit der Krise zu Beginn der achtziger Jahre, als der Preis auf 25 Cents fiel, brach das ganze System zusammen. Monsignore Alfonso mußte dies nicht mehr erleben.

«Unsere Region ist da nur am Rande betroffen gewesen», präzisiert Bischof Aubry, «denn wir sind hier am Rand der Pampa, eigentlich am Rand von allem ... Wir hängen von La Paz und von Trinidad – dem Hauptort des Departements Beni – ab, aber wenn es um Unterstützung geht, ist niemand mehr zuständig.»

Das Fleisch wird nicht mehr nach La Paz geflogen; gelegentlich wird das Vieh dorthin getrieben, doch schaffen nur wenige Herden den langen Weg vom Tiefland auf 150 Meter Höhe über die 5000 Meter hohe Cordillera Real, ins Altiplano auf gut 4000 Meter Höhe und hinab in den weiten Talkessel auf 3800 Metern, in dem sich die faktische Landeshauptstadt La Paz befindet.

Das Kokainwunder

Wirtschaftlich ist die Region nur dank eines zweifelhaften Wunders nicht völlig ruiniert: dem äußerst lohnenden Geschäft mit dem Kokain ... Die Züchter haben massiv auf den Anbau von Koka umgestellt, der sich in den achtziger Jahren allgemein verbreitete, mit Zentren in den Handels- und Schmugglerstädten Santa Cruz, Montero und San Borja. Die für die Fleischvermarktung bestimmte Vertriebsorganisation fand damit im Drogenhandel

Rurrenabaque, eines der Dörfer im bolivianischen Pastoralvikariat Reyes, liegt am Ufer des Río Beni, eines Amazonas-Zuflusses. Pater Fernando lebt schon über dreißig Jahre hier. Lange Zeit hat er seine weit verstreut lebenden Schäfchen hoch zu Roß besucht, wie alle in dem riesigen Territorium des Bistums wirkenden Priester. Seit kurzem benutzt er nun ein Moped, das er in den Einbaum laden muß, wenn er Flüsse überqueren oder auf überschwemmten Naturstraßen weiterkommen will.

eine neue Zweckbestimmung. Die unzähligen Startbahnen machen es möglich, die Laboratorien und leichten Anlagen, welche für die erste Aufbereitung der Kokablätter benötigt werden, von einem Tag auf den andern zu verlegen – sehr zum Leidwesen der Drogenbekämpfungsspezialisten, deren von den Amerikanern unterstützte Razzien deshalb häufig ins Leere schlagen. Es ist ein offenes Geheimnis, daß die prachtvollen japanischen Motorräder, die plötzlich im hintersten und letzten Dorf auftauchen, aus diesem neuen, problematischen Reichtum stammen. Doch einmal mehr hat die Randregion Reyes nur am Rand an dieser Entwicklung teil: Sie profitiert kaum davon, wird jedoch vielleicht die Zeche zahlen müssen, sind doch bereits etliche ihrer Jugendlichen in den sündigen Städten auf Abwege geraten.

Kirchlich ist Bolivien in sechzehn Diözesen, genauer gesagt in zehn Diözesen sowie sechs apostolische Vikariate in den amazonischen Territorien eingeteilt. Was heißt das? «Das sind Missionen», erklärt der Schweizer Bischof, «noch nicht verwaltungsmäßig durchorganisierte Kirchen, die auf einer ausschließlich einheimischen Priesterschaft aufgebaut sind. Soweit sind wir noch nicht, und das apostolische Vikariat entspricht dieser vorbereitenden Stufe. Hier herrscht das missionarische Element vor.»

Spricht man heute von fünfhundert Jahren Evangelisation in Lateinamerika, wird deren Beginn mit der Ankunft der ersten spanischen Schiffe in der Karibik und mehr oder weniger unabhängig vom nachfolgenden politischen Geschehen festgesetzt. Doch obwohl die Christianisierung ganz Lateinamerika erfaßte, erfolgte die Bekehrung nicht ohne Widerstände und Verzögerungen. Mit anderen Worten: Obwohl die Frohe Botschaft generell gesehen bald einmal im ganzen Kontinent verkündet wurde, gab es doch Gebiete, in denen das Wort Gottes selten zu vernehmen war oder noch lange Zeit ungehört blieb.

Inkaland

Der Staat Bolivien existierte selbstverständlich damals noch nicht, er wurde 1825 gegründet. Die Gegend war als Oberperu bekannt, und unweit von Reyes, in Rurrenabaque, zeugen Überreste einer Inkasiedlung davon, daß sich ihr Reich von den Anden bis ins Amazonastiefland erstreckt hatte. Die hier lebenden Stämme wurden allerdings nicht unterworfen, da die Inkas vermutlich gar nicht an einer dauernden Beherrschung dieser schwer zugänglichen Region interessiert waren, deren Klima die Hochlandindios schlecht ertrugen.

Die erste bolivianische Diözese, jene von Sucre – das damals Tubisaca hieß; den heutigen Namen erhielt die Landeshauptstadt nach einem General des 19. Jahrhunderts –, geht auf das Jahr 1552 zurück und reichte von Peru bis Buenos Aires und Paraguay. Sie war mit der ersten Christianisierungswelle entstanden, die von Cuzco und vom Titicacasee her in den Süden und Osten übergegriffen hatte. Der erste Bischof kam allerdings nie an seinem Bestimmungsort an, ebensowenig wie der zweite; erst elf Jahre später konnte endlich ein Bischof feierlich eingesetzt werden.

Im Zusammenhang mit der Suche nach dem sagenhaften Goldsee im Norden Amazoniens, El Dorado, gab es kaum Versuche, ins Beni-Tiefland vorzudringen, und während eines ganzen Jahrhunderts scheiterten sämtliche derartigen Expeditionen, die gelegentlich von Priestern begleitet wurden, welche die unbekannten Gebiete kennenlernen wollten. Die meisten sind nie zurückgekehrt; die kriegerischen Indiostämme widersetzten sich lange Zeit erfolgreich der Erschließung des Regenwaldes.

Das Wirken der Jesuiten

1675 kamen die ersten Jesuiten, um hier dasselbe zu schaffen, was sie in Paraguay verwirklicht hatten: die berühmten Reduktionen, das heißt die Ansiedlung der nomadischen Jäger und Sammler in Dörfern, um in ständigem Kontakt mit ihnen bleiben und sie bekehren und «erziehen» zu können. Eine Bedingung wurde gestellt: Außer den Missionaren hatten Spanier, ja überhaupt Weiße, keinen Zutritt. Die Jesuiten wurden von den Eingeborenen aufgenommen, was bereits eine beachtliche Leistung darstellte. Das erste Dorf im Beni, Loreto, wurde 1682 am Oberlauf des Río Mamoré mit rund tausend Indios aus der Umgebung gegründet. Es folgten Trinidad und San Pedro, weiter flußabwärts, dann das achtzig Kilometer westlich von Trinidad gelegene San Ignacio. Bei ihrem weiteren Vordringen gegen Nordwesten, dem Río Beni entgegen, stießen die Jesuitenmissionare auf Franziskaner, die von La Paz heruntergekommen waren, um ihren geistlichen Einflußbereich auszuweiten. San Borja, gegründet 1693, war das erste Dorf in der Gegend von Reyes; mit heute zwölftausend Einwohnern ist es die größte Stadt dieses Gebiets.

Reyes selbst wurde zwischen 1706 und 1710 gegründet. In dem Dorf oder Städtchen am Río Beni lebten vor allem Moxos. Unter diesem Namen wurden verschiedene indianische Volksgruppen zusammengefaßt. Der Ort erlangte schnell beträchtliche Bedeutung, und die Franziskaner wollten ihn an La Paz anschließen: Denn an die Erforschung irgendeines Gebiets gegen den Amazonas zu war ohne das allmählich wohlhabend gewordene Reyes, wo Vertreter verschiedenster Stämme und Sprachgemeinschaften lebten, nicht zu denken.

Nach der Aufhebung ihres Ordens durch Papst Clemens XIV. im Jahr 1773 wurden die Jesuiten ausgewiesen. Mehr als einer erhob Anspruch auf die Ländereien, welche die Mitglieder der Gesellschaft Jesu so erfolgreich geschützt hatten: Das ist das Thema des erwähnten, preisgekrönten Films *La Mission*. Ein in Reyes lebender betagter Pater durfte dort bleiben und sterben. In der abgelegenen Region konnte er der Kirche zwar ohnehin nicht «gefährlich» werden, dennoch wurde die Sache lange Zeit geheimgehalten ...

In der Folge wurde das Dorf in der unruhigen Zeit vor der Unabhängigkeit ein Opfer seines Rufs: Da der in Loreto residierende Gouverneur seine Annexion befürchtete, ordnete er die Verlegung vom Fluß weg ins Landesinnere, in die Pampa an. Sie erfolgte zwischen 1810 und 1818. Zum Schutz der neuen Siedlung hoben die Bewohner einen breiten Graben aus, den *curici*, heute ein ausgedehntes, kreisförmiges Sumpfgebiet.

Bischof Aubry erzählt mit bewegten Worten von der folgenden Zeit: «Links des Río Beni hatten die Franziskaner, rechts davon die Jesuiten die Indios bekehrt. Die Missionierung der Franziskaner hatte Bestand, aber die Vertreibung der Jesuiten war hier eine Katastrophe. Mehrere Dörfer sind verschwunden, da ihre Bewohner wieder in den Urwald zurückkehrten. Einige jedoch blieben erhalten, und da ist man beeindruckt, was übriggeblieben ist, trotz eines Vakuums von 175 Jahren. Die Jesuiten hatten Handwerker und auch Künstler ausgebildet; viele Ordensbrüder hatten das selbsterlernte Metier weitergegeben. Leider hatten die in den Dörfern gebliebenen Einheimischen immer wieder unter Verfolgungen zu leiden. Die Portugiesen haben von der amazonischen Grenze her Raubzüge unternommen, zum Beispiel in San Pedro. Und dann gab es im Norden die Blüte der Kautschuksammlerei, der *gomma*, und der Ernte der Paranuß, der *castagna*, für die Arbeitskräfte benötigt wurden. Es war einfacher, die Leute aus den Dörfern anzuwerben, als Waldindios einzufangen oder Negersklaven herbeizuschaffen.»

Die ganze Tätigkeit im südwestlichen Amazonasgebiet, bis hin nach Manaus, und besonders an den Zuflüssen des Madeira, wurde von Reyes aus organisiert, das als Basislager diente. Hier bereitete man das *chaci* zu, Trockenfleisch als Dauerproviant; die Jesuiten hatten seinerzeit Vieh mitgebracht und bei ihrem Abzug rund 55 000 Rinder sowie über 30 000 Pferde und Maultiere zurückgelassen. Und hier rüstete man die Boote aus, um die Leute nach Norden zu schaffen, wo

Monsignore Aubry, der einem Bistum mit 60 000 Quadratmetern Fläche – anderthalbmal die Schweiz – vorsteht, ist täglich in Kontakt mit den Gläubigen in Reyes, einem Dorf mit fünftausend Einwohnern, in dem die Zeit stillgestanden zu sein scheint. Der Bischof jurassischer Herkunft hat einen andern Schweizer abgelöst, Monsignore Joseph Tscherrig, einen Walliser. Die engen Beziehungen zu dessen Heimatkanton sind sichtbar: Die Kathedrale wurde von Walliser Bauleuten errichtet, und der Rhonekanton spendete auch die vier Glocken.

Siedlungen wie Riberalta (in der Nordostecke Boliviens) oder eben Manaus, das spätere Zentrum Brasilianisch-Amazoniens, entstanden.

Ein Vakuum von 175 Jahren

Was bedeutet dieser Leerraum von 175 Jahren, auf den Bischof Aubry anspielte? «Es handelt sich um ein seelsorgerisches Vakuum, das beinahe zwei Jahrhunderte gedauert hat. Die von den Verantwortlichen in Sucre ausgesandten Priester, welche die von den Jesuiten zurückgelassenen Dörfer betreuen sollten, haben sich wie neue Besitzer aufgeführt. Sie haben ihre Arbeit getan, ohne sich um den sozialen Hintergrund oder um den Alltag der Leute zu kümmern. So haben sie zum Beispiel in aller Eile Priester geweiht, was sich als völliges Desaster erwies, und deshalb haben sie bald einmal aufgegeben. Der Wiederaufbau setzte erst 1917 ein, mit der Schaffung des apostolischen Vikariats Beni. Ein einziger Priester, ein Franziskanermönch, wurde in diese riesige Region geschickt. Dieser außerordentliche Mann bereitete den Weg, in dem er von Dorf zu Dorf ging, die Armut der Leute teilte und ihnen einen unauslöschlichen Eindruck hinterließ. Dann dauerte es wieder bis 1942, bis zur Aufteilung des Beni in drei Vikariate und der Ankunft der ersten Redemptoristen. Im Grunde liegt das alles noch gar nicht lang zurück.»

Wir kennen die Fortsetzung, die dazu führte, daß in dieser abgelegenen Ecke Boliviens Schweizer Bischöfe und Priester leben, die in der Trockenzeit zu Pferd in die Wälder und Pampas reiten, um den Leuten das Evangelium zu verkünden. Was bedeutet das heute? «Wir sind hier, um einem Bedürfnis zu genügen», versichert Monsignore Aubry. «Zuerst aber muß man die echten Bedürfnisse erkennen, nicht neue schaffen. Was braucht eine Gemeinde wirklich? Es gibt falsche Bedürfnisse, die man erzeugt, und echte, die man nicht sieht. Was können wir tun, damit sich etwas verändert? Das ist unsere Mission. Am Sonntag zusammenzukommen und Gott zu loben gehört zu diesen Bedürfnissen, aber es gibt noch viele andere.»

Monsignore Aubry hat sich schon früh die Frage gestellt, *wie* etwas vermittelt werden soll, nicht nur *was,* und zwar bei einem ersten kurzen Aufenthalt in Bolivien: «Ich kam mit verschiedenen Erfahrungen her, die mir in einer nochmals unterschiedlichen Umwelt überhaupt nichts nützten. In San Borja habe ich Pater Joseph gesehen, der ganz allein auf seinem Pferd durchs Land zog. Eine Schwester hat mir gesagt: ‹Wenn der Pater nach einem Einsatz von drei oder sechs Wochen durch den *campo* nach Hause kommt, sieht er aus wie ein Greis.› Das war 1966, er war noch nicht einmal vierzig!»

«Man kann den Leuten nur bis zu einem gewissen Punkt helfen», betont der Bischof von Reyes. «Sie sagen das auch: ‹Wenn Sie kommen, ist alles gut, aber wenn Sie wieder gegangen sind, ist alles wie vorher.› Man fühlt sich wie ein Arzt, der drei Tage in einem Dorf bleibt und dann weggeht: Die Leute haben das Gefühl, im Stich gelassen zu werden, und das macht die Sache nicht unbedingt besser. Schließlich bin ich zur Überzeugung gelangt, daß man es anders anpacken mußte. Sollte man nicht besser, statt in zwanzig Dörfer zu gehen, im Team drei oder vier besuchen, dafür länger dort bleiben und die Bedürfnisse der Gemeinschaft besser, gründlicher ausloten? Das mußte einmal versucht werden. Wir haben das während sechs Monaten in elf Dörfern getan, und bei dieser Arbeit auf dem Land habe ich mich auf die Aufgabe als Bischof vorbereitet.»

«Wir haben festgestellt, daß ihnen eine feste Struktur fehlt, auf der wir unsere Arbeit aufbauen können, damit sie Bestand hat», fährt Monsignore Aubry fort. «Wir haben ihnen angeboten, einige der Ihren, Männer und Frauen, auszubilden, damit sie mit ihnen arbeiten könnten. Dabei gab es eine Reihe von Bedingungen und Kriterien. Wir haben das in die Wege geleitet, und es funktioniert. Das war 1973: Damals haben wir die ersten Gemeindebetreuer ausgebildet.

Am Anfang haben sich die Leute in praktisch keinem Dorf auf dem Land regelmäßig versammelt, weil kein Priester ständig anwesend war. Mit der Zeit haben sie dann angefangen, am Sonntag zusammenzukommen, und jetzt machen sie das jede Woche. Doch wir haben darauf geachtet, daß das Laienversammlungen geblieben und nicht Pseudo-Messen geworden sind.

Obwohl damit für die auf dem Land verstreut liegenden Weiler eine Lösung gefunden worden war, blieb das Problem in den größeren Dörfern, wo ein Pfarrer da war, praktisch gleich», fährt der jurassische Bischof fort. «Alles hing vom Missionar ab; hätte er aus irgendeinem Grund weggehen müssen, wäre das übliche Desaster wieder da gewesen. Deshalb mußten Basisgemeinden geschaffen werden. Diese haben uns enorm geholfen. Man kann sagen, daß das, was über sie läuft, das eigentliche Leben der Kirche ausmacht, nicht das, was in der Kathedrale geschieht.»

Lieder in der Nacht

Monsignore Aubry zitiert dazu gern das Beispiel der Maiandacht: «In Lateinamerika sind zwei Dinge sehr stark: die Passion Christi, also Jesus, der für uns gelitten hat, und die Muttergottes als Symbol der Barmherzigkeit und Liebe. So verbringen beispielsweise jetzt, in dem der Muttergottes geweihten Monat, manche die ganze Nacht draußen, um gemeinsam zu beten. Sich da einzumischen wäre das Dümmste, was man tun könnte. Man muß diese nächtlichen Andachten gehört haben, mit ihren eigenen Liedern, ihren eigenen Gebeten. Hier liegt der wahre Reichtum dieser Leute. Das ist großartig. Am anderen Morgen fehlen diese Gläubigen in der Messe, aber das ist nicht so wichtig.»

Die kirchlichen Basisgemeinden sind mit großer Umsicht aufgebaut worden. Monsignore Aubry hat sich dabei auf seine in der Schweiz gemachten Erfahrungen bei Gruppengesprächen über zwischenmenschliche Beziehungen stützen können. Diese Beziehungen mußten hier zuerst erforscht werden. In San Borja haben die Missionare über achthundert Besuche gemacht und die dabei gemachten Beobachtungen auf Karteiblättern erfaßt, in denen sämtliche persönlichen, familiären, sozialen Daten, die bestehenden Bindungen, Bekanntschaften und Beschäftigungen verzeichnet wurden. Die Auswertung der Sammlung sollte es ermöglichen, jenen Personenkreis einzugrenzen, der bereits ein stabiles Beziehungsgeflecht bildete, auf dem das neue Leben der Kirche aufgebaut werden konnte.

Die Pastorale der Gemeinschaften

Dieses Vorgehen ist charakteristisch für die Arbeits- und Denkweise von Roger Aubry. Dieser 1923 in Montfaucon geborene Jurassier hat eine Vorliebe dafür, Probleme methodisch, energisch und umfassend anzugehen. Wenn er von Gemeinschaften spricht, beschreiben seine Hände einen weiten Bogen, und seine Augen strahlen. «Man kann die Menschen nicht erreichen, wenn man nicht die Gemeinschaft erreicht», sagt er gern. «Sonst erreicht man sie nur teilweise, da wo sie wohnen, da wo sie arbeiten oder ihre Freizeit verbringen, aber nicht in dem, was ihr ganzes Leben ausmacht.»

Seine Hauptsorge war immer, dieses Gemeinsame, dieses Verbindende zu erkennen und vorzuleben. Als Redemptoristenprovinzial in Baden, also als Vorsteher der schweizerischen Ordenskongregation, nahm er aktiv an dieser Pastorale der Gemeinschaften teil. Und als er 1966 ein erstes Mal die Schweizer Missionare in Beni besuchte, kam er nicht einfach mit Schokolade, Zigaretten und Neuigkeiten aus der Schweiz, sondern mit Forschern des bolivianischen Instituts für Sozialforschung

Palos Blancos, am Fuß des Ostabhangs der Cordillera Real gelegen, ist eine Tagesreise mit dem Lastwagen von Reyes entfernt, sofern die Piste überhaupt befahrbar ist. Von hier führt die beeindruckende Yungas-Paßstraße hinauf ins zweihundertfünfzig Kilometer entfernte La Paz. Vor der alten Kapelle bereitet Bruder Andrés, mit bürgerlichem Namen Paul-André Ambuhl, den Altartisch für den Gottesdienst.

und -arbeit: Er wollte das Umfeld kennenlernen, in dem die Priester arbeiteten, die Wirkung ihrer Arbeit abwägen, sie bitten, selbst eine Bilanz ihrer Tätigkeit zu ziehen und der Einschätzung kirchenexterner Spezialisten gegenüberzustellen. «Es war meine Aufgabe, sie zu besuchen, aber ich konnte dies nicht tun, ohne mich der von ihnen und der ganzen Bevölkerung erlebten Realität zu stellen.» Das hatte ihn gepackt, und sein Interesse für Bolivien sollte ihn 1970 dorthin zurückführen.

«Eines Tages», erinnert er sich, «während einer ausgedehnten Reise mit dem elsässischen Provinzial durch das Alto Beni, wo die Lage sehr schlimm geworden war, sagte mir mein Kollege: ‹Nimm es nicht so zu Herzen, eines ist sicher, weder du noch ich werden je wieder hierherkommen.› Tatsächlich bewunderte ich damals diese Missionare, war jedoch überzeugt, ihre Arbeit selbst nie tun zu können und wie sie in einer derart traurigen, verlorenen Gegend zu leben. Das ist nun bald zwanzig Jahre her, und ich bin immer noch hier!»

Die Lage im Alto Beni hat sich nicht gebessert, im Gegenteil. Die Bevölkerung ist stark gewachsen, da viele Indios aus dem Hochland auf der Suche nach Brot und Arbeit hierhergezogen sind, jedoch das ungewohnte Klima schlecht ertragen. Vor allem um den grausamen Tropenaussatz, die *espundia,* zu bekämpfen, haben die Missionare ein zweijähriges Ausbildungsprogramm für vierzig neue Gesundheitsberater auf die Beine gestellt. Jedesmal, wenn ein Bedürfnis offenbar wird und bedeutende Ausmaße annimmt, erweist sich die Lösung von vielseitig einsetzbaren Gemeindehelfern als ungenügend, und die Priester entscheiden sich für die Schulung von Spezialisten. So werden im Gesundheitswesen, einem der Haupttätigkeitsgebiete der Redemptoristenmission, seit einem Dutzend Jahren Sanitäter ausgebildet. Es gibt sie in jeder Gemeinschaft, und sie erweisen sich als erstaunlich leistungsfähig bei Erster Hilfe, bei der Früherkennung von Krankheiten und bei der Einweisung von Kranken in eine Pflegestation oder ins Spital.

So ist beispielsweise eine Frau mit der folgenden Botschaft eines Sanitäters im Spital angekommen: «Ich schicke Ihnen diese Frau, die seit vierzehn Tagen krank ist. Anfangs habe ich ihr das Medikament X verabreicht, aber ich glaube, daß der Fall ernster ist. Bitte bedenken Sie, daß die Patientin fünf Kinder hat, die sie unter schwierigen Bedingungen aufzieht. Helfen Sie ihr.»

Die Palette der Naturmedizin

«Das ist schon erstaunlich, wenn man bedenkt, daß die Leute hier vorher überhaupt nie ins Spital gingen», kommentiert Monsignore Aubry. «Dabei muß man wissen, daß die einheimische Naturheilkunde beachtliche Heilerfolge erzielt. Da gibt es Schätze, die auf keinen Fall verlorengehen dürfen. Darauf legen wir viel Wert; wir erfassen systematisch alle Mittel dieser bewundernswerten traditionellen Heilkunde. Von den Indios können wir erwiesenermaßen viel lernen. Selbstverständlich gibt es auch Dinge, bei denen die moderne Schulmedizin unerläßlich ist, und da müssen wir eingreifen. Eine Blinddarmentzündung muß einfach operiert werden.»

Bischof Aubry gesteht, daß er erst hier gelernt hat, was es heißt, mit der Natur zu leben. «Hier bedeutet das, daß nicht alles auf den Kopf gestellt werden darf. Es ist eine Verbindung von Kenntnissen und Harmonie. Und es ist mir bewußt geworden, daß ich in Sachen Umwelt ein völliger Analphabet war. Für die Menschen hier gibt es den Begriff Vogel nicht. Jeder Vogel hat einen Namen. Die Chimanen beispielsweise haben sieben verschiedene Wörter für Wasser, je nachdem, ob es das vom Himmel fallende, stilles oder aus einem Brunnen fließendes Wasser ist usw. Wenn man nachts mit einem Eingeborenen draußen ist und das einzigartige Konzert der Natur hört, erklärt Ihnen der Mann: «Das ist ein Tapir, der den Vogel Y ruft, damit er ihn von einem Wurm befreie, der ihn quält!»

Um einem offensichtlichen Bedürfnis in den Gemeinden zu entsprechen, haben die Redemptoristen ein Programm für die Besserstellung der Frau in die Wege geleitet. Das hat sich als heikler erwiesen als Fragen der Gesundheitspflege. Man hat verschiedene Ausbildungsprogramme durchgeführt. Zwei Schneiderinnen ließ man in La Paz ausbilden, unter der Bedingung, daß sie nachher zwei Jahre im Dorf arbeiteten, um die Schulungskosten abzuzahlen. In La Paz haben sie gut gearbeitet, viel gelernt, und ihre Lehrer waren mit ihnen sehr zufrieden. Dann sind sie zurückgekommen, um die in der Hauptstadt erlernten Kenntnisse weiterzugeben. Bei einer der beiden wurde das ein völliger Mißerfolg; man beschuldigte sie, die Gemeinde vor den Schülern zu verleumden, und ein Dorfgericht verbannte sie mit ihrer gesamten Familie.

«Das ist ein kulturelles Problem», erklärt Roger Aubry. «In La Paz, mit weißen Lehrern, war die Trennung von daheim zu abrupt, die Frauen waren entwurzelt und wußten nicht mehr, wo ihr Platz war. Von da her rührt das uneingestandene Bedürfnis, sich an der Gemeinschaft zu rächen, was die Ausstoßung nach sich zog. Wir haben noch ein anderes Erlebnis gehabt, das zum selben Ergebnis führte. Dann haben wir begriffen, daß die Ausbildung nicht in La Paz, sondern hier erfolgen mußte. Seither geht alles gut, und die Mütter ermutigen ihre Töchter, unsere Kurse zu besuchen, die sich selbstverständlich nicht aufs Nähen beschränken. Entscheidend ist, daß der Unterrichtsstoff – und überhaupt alles, was man bringt – den Bedürfnissen der Gemeinschaft entspricht, echten, von ihnen selbst formulierten Notwendigkeiten, sonst ist alles zwecklos. Zum Beispiel das Problem mit dem Wasser. Wasser haben wir ja genug, sagen Ihnen die Leute. Solange sie aber nicht zwischen Trinkwasser und ungenießbarem Wasser unterscheiden, vergeudet man Zeit und Kraft, wenn man ihnen Brunnen oder Wasserleitungen schmackhaft machen will. Manche Mitarbeiter haben das überspringen wollen – Ergebnis: ein kompletter Mißerfolg, nichts als Kosten und Ärger, und dazu haben sie sich noch Feinde gemacht.»

«Es braucht viel Geduld», fährt der Schweizer Missionar fort. «Und die große Gefahr unserer westlichen Zivilisation ist, daß sie ihre Vorstellungen und Gewohnheiten anderen Kulturen aufzwingen will. Das kann unter Umständen mehr schaden als nützen, vor allem wenn sie bestehende, einigermaßen funktionierende Strukturen durch solche ersetzt, die nur unter bestimmten Bedingungen wirksam sind, aber völlig versagen, wenn diese fehlen. Man darf nichts verändern, wenn man nicht absolut sicher ist, das Ganze auf Zeit durch etwas Besseres ersetzen zu können.»

Heiraten auf Probe

Für Trauungen werden die Schweizer Missionare kaum je um ihren Segen gebeten. In der Tradition zahlreicher indianischer Völker ist die Ehe eine Institution, die mehr mit dem – heute auch bei uns tolerierten – Zusammenleben auf Probe und mit Konkubinat zu tun hat. Die Verbindung zielt zwar immer auf die Gründung einer Familie ab, doch wenn sich das Paar nicht verträgt, trennt es sich ohne großes Zeremoniell. Im Alto Beni untersteht die Ehe einer strengen sozialen Kontrolle: Das Paar muß sich in die Gemeinschaft einfügen können. «Hier beginnen die wenigsten mit einer kirchlichen Trauung, und wir würden das auch nicht unbedingt begrüßen; jedenfalls fördern wir es nicht. Von den Paaren, die ihre Kinder zur Taufe bringen, ist die Hälfte nicht verheiratet. Wir versuchen ihnen allerdings die zivile Ehe schmackhaft zu machen, wegen all der rechtlichen Folgen für die Kinder. Wir helfen ihnen dabei, obwohl es gelegentlich Mißbräuche gibt; manche Standesbeamte knöpfen den Indios Unsummen ab.»

Roger Aubry ist in der lateinamerikanischen Bischofskonferenz äußerst aktiv; so präsidiert er

Das Fest von San Antonio, das sowohl im christlichen Glauben wie in der animistischen Tradition wurzelt, ist für die Indios der Region ein wichtiges Ereignis, und sie kommen von weither nach Palos Blancos, über Land oder auf dem Fluß. Pater Eusebio, ein polnischer Franziskaner, zelebriert den Gottesdienst. Die Prozession ist ein feierliches und freudiges, farbiges und ausgelassenes Fest zugleich, bei dem selbst Konfetti nicht fehlen.

insbesondere die Missionskommission und hat den Missionsbereich bei der Konferenz von Puebla im Jahre 1979 betreut. Das hat ihm ermöglicht, auf zahlreichen Reisen das ganze Panorama der Mission in Lateinamerika vorzustellen und sich seinem Steckenpferd zu widmen: der Arbeit großer Gemeinschaften.

Er kommt alle drei, vier Jahre in die Schweiz zurück. Wie fühlt er sich in der Heimat: «Anfangs war das kein Problem, aber heute komme ich mir völlig fremd, rückständig vor. Das ist mir vor allem in der Krisenzeit, 1974/75, so ergangen, man kommt wie aus einer andern Welt. Hier sind Krisen viel schlimmer als in Europa, aber man fällt nie von so hoch, nie so tief hinunter, es ist eher eine endlose Rutschpartie...»

Die Frage des geistlichen Nachwuchses macht Bischof Aubry Sorgen. Daß die Schweizer Kirche sich auf eine Zeit des Priestermangels einrichtet, bringt ihn in Rage. Bei einer Predigt in Delsberg hat er das mit deutlichen Worten gesagt: «Wenn es an Priestern fehlt, muß man eben Priester ausbilden. Was ist das für eine Theologie des Volkes Gottes, die es nicht mehr fertigbringt, sich Priester zu geben? Das ist eine ängstliche Haltung. Und dann Laien zu einer Art Geistlicher machen zu wollen, das ist doch absurd. Es kann kein lebendiges Volk Gottes ohne Priester geben.»

In der bolivianischen Kirche hingegen nimmt die Zahl der Priesterweihen stark zu: angesichts des großen Nachholbedarfs – 1988 verfügte sie über ganze hundertsechzig Diözesanpriester – kein Wunder. In Beni besteht die Schwierigkeit darin, einen einheimischen Klerus zu formen, der aus eigener Kraft bestehen kann. «Hier brauchen wir vor allem noch Indiopriester, aber wir wissen, daß das mehrere Generationen dauert. Es sind jetzt sieben Junge im Seminar, fünf davon in Cochabamba, und es scheint ihnen zu gefallen, doch sie sind erst im vierten Semester. Man kann nichts erzwingen, doch der Tag wird kommen. Das einzige, was uns Sorge macht, ist die Frage, ob der Übergang gesichert ist. Wir selber haben ein Durchschnittsalter von zweiundsechzig, und da kann es schnell eine Lücke geben...»

Mit Mofa und Einbaum

Von den fünfzehn Redemptoristenpriestern dieser «kleinen» Diözese von sechzigtausend Quadratkilometern arbeiten nur zwei in La Paz; der älteste, er ist in den Achtzigern, sowie Jean-Marie Quelloz, der sich vormittags um die Verwaltung kümmert und nachher die Spitalseelsorge versieht. Die andern sind «unten», jenseits der Cordillera Real, gegen das Amazonas-Tiefland zu: neun Schweizer, drei Franzosen und ein in der Schweiz geborener Italiener. Letzterem, Vater Fernando, hat die heimatliche Pfarrei im aargauischen Untersiggenthal geholfen, in Rurrenabaque, wo er seit dreißig Jahren lebt, eine Schule zu bauen. Er ist 1913 geboren und fährt noch immer mit dem Mofa von Dorf zu Dorf oder überquert den Río Beni in der Piroge, um im gegenüberliegenden San Buenaventura die Messe zu lesen. Er kehrt immer seltener in die Schweiz zurück. «Ich bin hier allein, niemand wird mich ersetzen.» Er ist dankbar für die Hilfe der Nonnen, die seit zwölf Jahren in Rurrenabaque tätig sind, doch ihre Aufgaben sind nicht austauschbar. Außerdem fühlt er sich im Beni, wo ihn jedermann kennt, zu Hause. Er hatte beim Tod des ersten Bischofs, des Elsässers Juan Claudel, der 1943 mit über achtzig geweiht worden und zwei Jahre später gestorben war, das Amt vorübergehend übernommen. Die Vakanz hatte dann zwar rund fünfzehn Jahre gedauert, doch wenigstens war das Bistum diesmal nicht verwaist...

In Rurrenabaque strömt der Río Beni wieder friedlich dahin, nachdem er einen letzten Andenausläufer in einer fünfhundert Meter langen Schlucht durchtost hat, die nur äußerst schwer zu passieren ist. Bei Hochwasser bilden sich derart heftige Wirbel, daß Baumstämme von zwei, drei

Metern Durchmesser zu Kleinholz zerschlagen werden. Und selbst bei besten Verhältnissen wagt sich niemand nachts durch diese Stromschnellen. Vater Fernando erinnert sich an ein Schiff, das mit achtzehn Passagieren und einigen Tonnen Zement an Bord diese Vorsichtsmaßregel mißachtet hatte: «Der Kapitän hat bei Einbruch der Dunkelheit oberhalb der Schlucht geankert. Doch die Passagiere haben ihn zum Weiterfahren gedrängt, und schließlich hat er nachgegeben. Das ist schrecklich gewesen – das Schiff ist in den Wirbeln völlig zerfetzt worden. Nur drei haben überlebt.»

Vater Marcel, der seit über dreißig Jahren in Reyes lebt, ist 1946 nach Bolivien gekommen. Zuerst wirkte er im Südwesten, bei den Bergarbeitern des Andenhochlandes, anschließend in Vallegrande auf halbem Weg zwischen Sucre und Santa Cruz. Dann hat er sich auf einen Aufruf gemeldet: Man suchte Freiwillige für die grüne Hölle des Beni. Er mußte einige Jahre Vater Alfonso Tscherrig ersetzen. Hoch zu Roß bereiste er die Wälder und Pampas, begeistert von der üppigen Vegetation und der Offenheit der Tieflandindianer, die er viel gastfreundlicher findet als die Bewohner des Altiplano. «Es gibt fünf Völker im Pastoralvikariat. Da sind einmal die Takanas auf der andern Seite des Río Beni, dann die Marupas hier um Reyes. Weiter flußabwärts leben die letzten Chamas, die als Unruhestifter aus Peru vertrieben wurden, aber hier vom Aussterben bedroht sind. Sie heiraten nur untereinander, kommen nie aus dem Urwald heraus und leben ausschließlich von Jagd und Fischfang. Ich habe ganz gute Kontakte mit ihnen gehabt, aber es ist schwierig gewesen. Flußaufwärts leben die Mosseten, und das größte, aber am schwierigsten zu erreichende Volk sind die Chimanes. Zu ihnen ist man von San Borja aus fünf Tage auf dem Río Maniki unterwegs. Einer unserer elsässischen Brüder lebt seit fünfundzwanzig Jahren bei ihnen, als einziger Weißer im ganzen Stammesgebiet. Er hat es verstanden, aufgenommen zu werden, aber er ist sechsundsiebzig und muß in Europa operiert werden. Ihn wird nie jemand ersetzen können, das steht fest.»

Zu Anfang der fünfziger Jahre drohte die alte Kirche von Reyes einzustürzen. Vater Marcel baute eine kleine Kapelle, die als Kirchgemeindehaus diente, bis 1973 die Kathedrale fertiggestellt war. Sie ist das Werk mehrerer Schweizer, vor allem Walliser, da der Vetter von Bischof Tscherrig, Kanonikus in Sitten, Mitte der sechziger Jahre eine entscheidende Rolle bei der Beschaffung von Mitteln und Berufsleuten gespielt hatte. Vater Marcel war damals in die Schweiz geschickt worden und war mit drei Walliser Freiwilligen zurückgekehrt: dem Architekten Peter Schöpfer, dem Maurer Linus Loretan und dem Schreiner Peter Sarbach. Nachdem der Rohbau fertig war, kamen zwei andere Schweizer für die Ausbauarbeiten; einer von ihnen, Bruder André, ist geblieben. Von den engen Beziehungen zum Heimatkanton des Bischofs Tscherrig zeugen auch die vier vom Wallis gestifteten Glocken.

Vater Marcel blickt noch einmal auf die vierzig Jahre Missionsarbeit in Beni zurück: «Früher haben die Missionare den Religionsunterricht und das Taufen in den Vordergrund gestellt; heute geht die Arbeit mehr in die Tiefe und bezieht auch den materiellen Bereich ein, der untrennbar mit der geistlichen Betreuung verbunden ist. Man kann die Seele nicht erreichen, wenn man den Körper umgeht. Zuerst muß der Lebensstandard der Leute gehoben werden, man muß ihnen eine Ausbildung und ein bißchen mehr Menschenwürde bieten, dann kann man ihnen zeigen, daß dazu auch innere Würde erforderlich ist.»

Und wen sieht Bischof Aubry als Nachfolger? Einen dritten Schweizer? «Ich kann ja schon morgen tot sein, und in diesem Fall wird sicher einer unserer Schweizer Priester die Nachfolge übernehmen müssen. Sonst aber sollte es jemand von hier oder jedenfalls ein Bolivianer sein. Es ist Zeit, daß die Kirche Boliviens ungeachtet ihrer Armut und Schwächen ihr Schicksal selbst in die Hand nimmt.»

Bertoni, ein paraguayischer Nationalheld
Ein Gelehrter in den Selvas

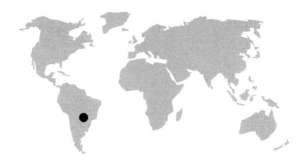

Auf Schweizer Banknoten fehlt sein Bildnis, genauso wie dasjenige anderer Wissenschaftler, etwa Leonhard Euler oder Ferdinand de Saussure. Dabei würde er sich mit seinem mächtigen weißen Bart, dem kahlen Schädel eines buddhistischen Mönchs und dem sanften Blick eines Cockerspaniels in jeder Galerie illustrer Persönlichkeiten gut ausnehmen. Ist Moisés Santiago Bertoni bei seinen Landsleuten einfach zu wenig bekannt? Gut möglich, doch er wäre auch nicht der erste, der auf einem Geldschein aus der Vergessenheit erweckt würde. Wie viele Schweizer hätten denn schon auf Anhieb die Verdienste von Konrad Gesner oder Francesco Borromini nennen können, bevor ihre Namen gleichbedeutend mit fünfzig oder hundert Franken wurden? Und wer kann es heute? Doch genug der Spekulationen. Wie immer die Geschichte die Leistungen des Tessiner Naturforschers beurteilen wird, sein Leben – das in manchem an das Schicksal Sutters erinnert – verdient es, hier näher vorgestellt zu werden. Und dafür heißt es in den paraguayischen Urwald reisen, an die Grenze zu Brasilien und Argentinien.

Legendäre Figur

In Paraguay, wo er 1929 gestorben ist, gilt Bertoni als Nationalheld, ja als Legende. In diesem Land, das von Legenden lebt, gehören Leben und Werk des Schweizer Gelehrten zu den in der Bevölkerung am stärksten verankerten Mythen und sind selbst in den bescheidensten Bauernhütten lebendig. Ist es da wirklich Zufall, daß einer seiner Enkel, der populäre Landwirtschaftsminister Hernando Bertoni, als einziges Regierungsmitglied beim Sturz von General Alfredo Stroessner Anfang 1989 – nach dreißigjähriger Diktatur – seinen Posten behalten hat? Und damit ausgerechnet einen der wichtigsten Ministerposten, stützt sich doch die paraguayische Wirtschaft vor allem auf Soja, Baumwolle und Viehzucht. Der Grund ist wohl ebensosehr in der apolitischen und charismatischen Persönlichkeit des Enkels zu suchen wie in einem Zufall der Geschichte, welcher gut zu der Reihe verblüffender Geschehnisse paßt, die mit dem Namen des Großvaters verbunden sind.

Kaum jemand in Asunción oder an den Gestaden der Ríos Paraná und Paraguay kennt eigentlich die geschichtliche Gestalt des Tessiners genauer, doch das kollektive Gedächtnis hat das Bild eines großen Gelehrten, ja eines großen Weisen bewahrt: *El Sabio Bertoni,* ein Mann voller Würde, Wissen und Weisheit. Es ist der allwissende Patriarch, der Forscher, wie er zu Beginn des Jahrhunderts noch möglich war: einer, der sich für alles interessierte und in so verschiedenen Wissensgebieten tätig war wie Botanik, Gesteinskunde, Zoologie, Völkerkunde und Landwirtschaft. Für die Kleinbauern, die *campesinos,* ist der geniale Alleskönner vor allem ein Mann geblieben, der sich mit ihrem Schicksal beschäftigte, echte, wirksame Lösungen für ihre

Probleme anbot und dessen Großzügigkeit durch alle Stürme eines bewegten, abenteuerlichen Lebens hindurch Bestand hatte. Damit waren alle Zutaten zur Geburt einer dauerhaften Legende vereint.

In die südamerikanische Geschichte ist Bertoni zwar mit den hispanisierten Vornamen Moisés Santiago eingegangen, im Geburtenregister von Lottigna im Bleniotal ist er jedoch am 15. Juni 1857 als Mosè Giacomo, Sohn des Ambrogio, eines ausgetretenen Priesters, und der Giuseppina, geborene Torriani, Lehrerin, erwähnt. Die Zeiten im Tessin jener Jahrzehnte sind hart. Der knappe Boden kann die Bevölkerung nicht ernähren, für viele ist Auswandern die einzige Chance, zu überleben. Viele emigrieren denn auch, oft unter schwierigsten Bedingungen, in die Vereinigten Staaten, nach Brasilien oder Australien.

Bertoni prägt diese frühe Begegnung mit der bäuerlichen Armut, und zeit seines Lebens sucht er wie ein Besessener nach landwirtschaftlichen Möglichkeiten, mit denen das Los seiner Mitmenschen verbessert und ihre elementaren Bedürfnisse gedeckt werden können. Er ist sich bewußt, daß man die Natur gründlich kennen muß, wenn man ihre Schätze bestmöglich nutzen will, und darin wurzelt letztlich seine Leidenschaft für die Botanik.

Politisches Engagement

Ein anderer prägender Einfluß ist das politische Engagement seines Vaters (1810-1887), einer führenden Gestalt des Tessiner Radikalismus im 19. Jahrhundert, nach der Revolution 1848 Großrat und 1851 Staatsrat sowie Mitbegründer der Zeitung *Il Dovere*. Moisè selbst gründet 1882 die *Rivista scientifica svizzera*, die den verschiedensten wissenschaftlichen Bereichen offensteht. Er interessiert sich für alles und sammelt im Bleniotal Pflanzen, macht systematische meteorologische Messungen, verfaßt zusammen mit der Mutter eine Studie über den lokalen Dialekt, die später in Paraguay veröffentlicht wird, und beginnt eine Doktorarbeit, die er nie beendet.

Seine Studien führten ihn 1875 an die Universität Genf, wo er neben Jura auch Kurse in Taxonomie (Einordnung der Lebewesen in ein biologisches System) belegte, dann nach Zürich. Aus materiellen Gründen schloß er sein Studium nicht ab, doch in diesen sechs Jahren, die intellektuell überaus bereichernd waren, knüpfte er enge Bindungen zu bestimmten politischen Kreisen. Zu seinen Freunden gehörten insbesondere der Anarchist Kropotkin und der große französische Geograph Elisée Reclus, der nach der Pariser Kommune ins Exil gegangen war. Daneben begeisterte sich Moisè für die utopischen Ideen von Thomas More und Charles Fourier.

All diese Einflüsse und sein neugieriger Geist treiben ihn dazu, das konservative, arme Tessin zu verlassen, wo die Verwirklichung seiner landwirtschaftlichen Theorien auf unüberwindliche Schranken stieß. Wieso nicht auswandern? Er beginnt nach dem idealen Ziel zu suchen. Elisée Reclus, der Südamerika und die Karibik bereist hatte, berät ihn. Nach seiner Ansicht kommen zwei Gegenden in Betracht: entweder Venezuela, wo die Gestalt Simón Bolívars einen – wie man heute sagen würde – ermutigenden Kontext bildet, oder dann der nordargentinische Zipfel von Misiones, an der Grenze zu Paraguay und Brasilien, wo die berühmten Jesuitenstationen bereits Gemeinschaftsmodelle entwickelt haben, in denen die indianischen Gepflogenheiten dem Hörensagen nach respektiert werden. Die Informationen des französischen Geographen sind nicht allerneuesten Datums, doch Bertoni weiß genug, um sich für Argentinien zu entscheiden. Hier will er ein Projekt verwirklichen, das ihm am Herzen liegt: eine landwirtschaftliche Kolonie auf der Grundlage der Selbstverwaltung.

1884 schifft sich Bertoni in Genua nach Buenos Aires ein. Doch nicht allein! Außer seinem Vater und einem Onkel begleitet ihn die ganze Familie: Mutter Giuseppina, seine Brüder, Gattin Eugenia und seine ersten fünf Kinder – Reto Divicone, Arnaldo de Winkelried, Wera, Elvezia und Ines – sowie mehrere Dutzend Bauernfamilien aus dem Bleniotal. Solche Massenauswanderungen waren damals nicht selten. Während die Alten beklommenen Herzens zurückblieben, waren die Hoffnungen derjenigen, die auszogen, gewaltig, ihre Illusionen groß. Nur wenige konnten später heimkehren, um von der Fremde zu erzählen, zu feiern oder zu trauern. Geschlossene Grenzen für Auswanderer, abgewiesene Asylsuchende kannte man damals noch nicht. Die Gastländer hatten starke Arme nötig, um die riesigen Ländereien zu erschließen. Die Einwanderer waren deshalb willkommen, doch mußten sie auf sich allein gestellt die Gesetze des Dschungels, von denen Erfolg oder Mißerfolg abhing, entdecken und beherrschen lernen. Da einige spektakuläre Triumphe die endlose Litanei stummer Niederlagen bei weitem überstrahlte, trieb die Hoffnung immer neue Schiffsladungen in die Neue Welt und zu den Antipoden.

Die Auswanderer aus dem Bleniotal

Nach einer stürmischen Überfahrt landen die Emigranten aus dem Val Blenio in Buenos Aires. Bertoni hat schon vorgängig mit Tessinern in Argentinien Verbindung aufgenommen. Da er zudem dank seiner wissenschaftlichen Zeitschrift bereits ein gewisses Ansehen erlangt hat und seine Beziehungen voll ausspielt, wird er vom argentinischen Staatspräsidenten persönlich empfangen, der ihm gleich noch eine Konzession für die Landnahme sowie eine Professur in Córdoba offeriert. Er lehnt das zweite Angebot höflich ab, macht aber vom ersten noch so gern Gebrauch, und einen Monat später fährt die ganze Gesellschaft den Paraná hinauf. Es dauert nochmals einen Monat, bis sie Santa Ana in der Provinz Misiones erreichen, wo ihnen ein großes Territorium zugewiesen worden ist. Der Strom führt in jenem Jahr so wenig Wasser, daß das letzte Wegstück mit Ochsenkarren zurückgelegt werden muß, die jedoch in dem morastigen, bewaldeten Gelände immer wieder steckenbleiben. Seine Gefährten sind entmutigt, manche leiden am Sumpffieber. Bertoni selbst hat zwar einen Teil seines wissenschaftlichen Materials verloren, strahlt jedoch ungebrochene Begeisterung aus, fasziniert von der üppigen, überbordenden Vegetation und entzückt über die Freundlichkeit der Eingeborenen. Er ist überzeugt, das Paradies auf Erden gefunden zu haben, und seine ersten Briefe nach Europa zeugen von einem Zustand höchsten Glücks und Überschwangs.

Die argentinische Kolonie

Der Ort, wo Bertoni in Santa Ana lebte, ist noch bekannt und heute ein Campingplatz. Damals war es Pionierland, mit allem, was dabei an Unsicherem, Vorläufigem und Vorübergehendem mitschwingt. Die Ruinen sind für den Historiker wie für den Touristen, den es hierher verschlägt, eine Enttäuschung: Die Steine der ersten Jesuitenmissionen, der Reduktionen aus dem 17. Jahrhundert, wurden schon zur Zeit der Tessiner Kolonisierung für den Bau neuer Häuser verwendet, und die späteren Siedler haben es ihnen gleichgetan.

Wie geplant gründet Bertoni seinen landwirtschaftlichen Betrieb, rodet, sät, pflanzt und sammelt gleichzeitig eifrig einheimische Pflanzen. Nach zwei Jahren hat er bereits rund zweitausend Arten beisammen, und seine erste wissenschaftliche Studie in der Neuen Welt wird in Buenos Aires veröffentlicht. Sie ist dem Einfluß niedriger Temperaturen auf die Vegetation allgemein und auf die Akklimatisierung von Eukalypten im besonderen gewidmet.

Die Akklimatisierung seiner Landsleute hingegen stellt unlösliche Probleme, und die Verpflan-

An der Grenze Paraguays zu Argentinien und Brasilien steht ein Haus im tropischen Regenwald: Hier hat der Tessiner Gelehrte Moisés Bertoni seine Colonia Guillermo Tell gegründet, die als Puerto Bertoni fortbesteht. Ein Plan zur Renovation dieses dem Zerfall anheimfallenden Sitzes ist in Vorbereitung: Unter der Ägide der Schweiz könnte hier ein internationales Forschungszentrum entstehen, in dem neben Botanik und Agronomie auch einige humanistische Fächer Platz fänden.

zung seiner hochgemuten Pläne in die argentinische Wirklichkeit wird zum Fiasko. Bald verläßt ihn ein beträchtlicher Teil seiner Begleiter, um sich in Buenos Aires oder anderswo niederzulassen. Das Genossenschafts- und Selbstverwaltungsmodell bekommt immer mehr Schlagseite. Zu unausgegorenen, falsch verstandenen und schlecht aufgenommenen Ideen gesellen sich nachbarliche Schwierigkeiten und Interessenkonflikte mit Landbesitzern, so daß Bertoni und seine Familie den ungastlich gewordenen Ort überstürzt verlassen müssen.

Eine Reihe von Wundern

Nach der Bertoni-Legende folgt nun eine Episode, welche die paraguayische Vorstellungskraft seit drei Generationen beflügelt. Hier also, wie diese Flucht vor einer Verschwörung dargestellt wird: In der Nacht, in welcher der große Mann umgebracht werden soll, kommt ein Indianer, den er gepflegt und gerettet hat, um ihn zu warnen und ihm die Flucht über den Río Paraná zu ermöglichen. Mit diesem ersten «Wunder» begnügt sich die Überlieferung natürlich nicht. Da man schon dabei ist, bricht auch gleich ein furchtbarer Sturm los, und die hochgehenden Wogen bringen den Kahn zum Kentern: Doch alle Insassen erreichen schwimmend das andere Ufer. Man hat zwar alles verloren, ist aber wohlauf. Alle bis auf den Jüngsten, den kleinen Moses – wie könnte es anders sein –, der von der Strömung in die Dunkelheit hinausgetragen wurde. Das zweite Wunder, wie es sich alle zweitausend Jahre ereignet: Einige Stunden später findet man den Säugling im Schilf schaukelnd wieder...

Die Kolonie von Santa Ana, durch den Mißerfolg und diese dramatische Flucht beendet, hatte drei Jahre Bestand gehabt. Ein zweiter Versuch, in Yaguarazapa, dauert sieben Jahre: Fünfzig Kilometer weiter stromaufwärts, doch jetzt auf der paraguayischen Seite des Paraná hat Bertoni diesmal mit seiner Familie eine landwirtschaftliche Kolonie im üblichen Sinn gegründet: Man nimmt ein Stück Land in Besitz und bearbeitet es.

Die Vorstellungen von Kommune und Selbstverwaltung sind auf der andern Seite des Stroms zurückgeblieben. Die aktiven Mitarbeiter des Betriebs gehören alle zur Familie, die mittlerweile zehn Kinder zählt. Die Arbeit ist dieselbe: Man muß roden, säen, pflanzen, wieder roden, die Felder erweitern und neue Böden unter den Pflug nehmen. Zum Glück ist der Boden fruchtbar, und die Umgebung, die den Wissenschafter begeistert, gefällt auch den Angehörigen.

Bertoni teilt seine Zeit zwischen der Landarbeit, seinen wissenschaftlichen Beobachtungen und dem Ausbau seiner botanischen Sammlungen auf. Außerdem unternimmt er Forschungsreisen dem Strom entlang.

Doch das Unglück schlägt nochmals zu. Eine gewaltige Überschwemmung des Paraná vernichtet alles, was er bisher geduldig gesammelt hat. Sämtliche Herbarien, die er in Argentien angelegt hat, ja selbst die aus der Schweiz mitgebrachten, verschwinden in den Fluten. Bertoni läßt sich davon nicht entmutigen, das entspricht nicht seiner Art. Er setzt seine systematische Sammeltätigkeit mit neuem Eifer fort. Und zwar vor allem anderswo. Denn 1894 siedelt die Familie Bertoni erneut um. Es ist der letzte Umzug, und der neue Standort ist der Mühe wert: eine Konzession für zehntausend Hektar Land, das vom Staat leihweise überlassen wird, mit der Urbarmachung als Gegenleistung.

Colonia Guillermo Tell

Die neue Siedlung, die Bertoni Colonia Guillermo Tell tauft und die später in Puerto Bertoni umbenannt wird, liegt am Ufer des Paraná, mitten im Regenwald, zweihundert Kilometer oberhalb von Yaguarazapa. Unweit von hier ergießt sich der Iguaçu in den Paraná, nachdem er im Dreiländereck zwischen Brasilien, Paraguay und Argentinien das grandiose Naturschauspiel geboten hat, neben dem sich die Niagarafälle als bescheiden plätscherndes Rinnsal ausnehmen. Der Zugang zu den Iguaçufällen war damals selbstverständlich bedeutend schwieriger, bekannt waren sie jedoch bereits weltweit.

Die Ehre, die der Tessiner dem Nationalhelden Wilhelm Tell erwies, erstaunt nicht, wenn man die Vornamen einiger seiner zahlreichen Kinder kennt: Winkelried, Walter Fürst, Werner Stauffacher. Daneben kommen aber auch andere Größen zu Ehren: Zwei Kinder heißen Aristoteles beziehungsweise Lineo (Linné).

Familie Bertoni fängt wieder bei Null an, doch diesmal unter besseren materiellen Voraussetzungen. Der Betrieb, dem die neuesten Erkenntnisse des Schweizer Forschers zugute kommen, läuft bald einmal rund, wirft nach wenigen Jahren einen Gewinn ab und wird zum blühenden Erzeuger von Zitrusfrüchten und Bananen, die über den Strom nach Argentinien geliefert werden. Die älteren Söhne sind tatkräftige Mitarbeiter geworden. Moisés Santiago Bertoni, dessen Herbarien mittlerweile wieder über zweitausendfünfhundert Pflanzenarten umfassen, kann deshalb auf den Vorschlag der paraguayischen Regierung eingehen, in der Hauptstadt Asunción eine nationale Ackerbauschule zu schaffen. Der Schweizer weiß sein Können umzumünzen. Er sagt unter der Bedingung zu, daß er das Konzessionsland kaufen darf, und man wird handelseinig.

Der Unterricht

Nachdem er die Leitung der Kolonie seinen Söhnen anvertraut hat, lebt er von 1896 bis 1905 in der Hauptstadt. Das Schulgebäude existiert noch: ein Bau mit Säulenportikus im Botanischen Garten von Asunción. Bertoni bildete hier alle paraguayischen Agronomen der Jahrhundertwende aus, also die Großväter der heute Fünfzig- bis Sechzigjährigen. Da versteht es sich, daß die Erinnerung an ihn bei Agronomen und Bauern noch recht lebendig ist. Dafür gibt es aber auch andere Gründe. Bertoni nutzt diese akademische Zeit, um zwei Zeitschriften zu gründen, die bald weit über Südamerika hinaus Beachtung finden, die *Revista de Agronomía* und die *Anales Cientificos Paraguayos,* welche er bis zu seinem Tod herausgibt. Er nimmt außerdem an wissenschaftlichen Kongressen teil, zu denen er Beiträge aus verschiedenen Bereichen liefert, von der Meteorologie bis zur Erdkunde.

Seine Unterrichtsmethoden hingegen, die neuen Techniken und Anschauungen, die er vertritt, sind in dem zutiefst konservativen Milieu Paraguays zunehmend auf Ablehnung gestoßen, und nach diversen Spannungen und Streitigkeiten wird die Schule von der Regierung kurzerhand geschlossen. Bertoni ist darüber beinahe erleichtert, kann er sich doch jetzt wieder der Familienkolonie widmen und findet erst noch mehr Zeit für seine wissenschaftliche Tätigkeit. Er ist produktiver denn je und gründet in direkter Fortsetzung seiner Forschungen in Asunción die landwirtschaftliche Versuchsanstalt von Puerto Bertoni. Hier empfängt er Wissenschafter aus der ganzen Welt, die meist beim Besuch der Iguaçufälle einen Abstecher machen und von seinen Arbeiten sowie dem im Urwald Verwirklichten zutiefst beeindruckt sind. Der Ruhm des Gelehrten und die Blüte des Familienunternehmens haben einen Gipfelpunkt erreicht.

Eine Druckerei im Urwald

Wenn man sich diesen Mann vorstellt, wie er mitten im Urwald rastlos tätig ist, bleibt man nicht unbeeindruckt. Die Kolonie mit ihren Gemüseäckern, Obstgärten und Kaffeeplantagen macht einen blühenden Eindruck. Es gibt auch Versuchspflanzungen, und Bertoni akklimatisiert immer wieder erfolgreich neue Kulturpflanzen, die der nationalen

Die üppige Vegetation muß den berühmten Botaniker begeistert haben: Seine Herbarien umfaßten schnell über zweitausendfünfhundert Arten. Oben sind von links nach rechts Christusdorn, Paradiesvogelblume, Calla und Chinesischer Roseneibisch, besser bekannt unter dem Namen Hibiskus. Der Tessiner Gelehrte hatte zahlreiche Bäume aus anderen Weltgegenden gepflanzt, die sich hier hervorragend akklimatisierten. Puerto Bertoni liegt am Ufer des Río Monday, der unweit von hier in den Paraná fließt. Ein anderer, weltberühmter Zufluß ist der Iguaçu, der sich dreiundzwanzig Kilometer oberhalb der Mündung über breite, 23 und 34 Meter hohe Stufen in einen engen Cañon stürzt und die spektakulärsten Wasserfälle der Welt bietet.

Wirtschaft zugute kommen, wie beispielsweise Baumwolle. Die Versuchsanstalt funktioniert ebenso gut, wenn nicht besser, als irgendein Universitätsinstitut. Die Zeitschriften werden wie zuvor herausgegeben, mit dem Unterschied, daß sie jetzt nicht mehr in Asunción, sondern hier im Urwald gedruckt werden. Der Verlag trägt den vielsagenden Namen *Ex Sylvis* (Aus dem Wald). Bertoni hat eine Druckerei in den Vereinigten Staaten aufgekauft und die Pressen mit allem Material hierherschaffen lassen. Wenn die neuste Nummer der *Revista* oder der *Anales* in New York, London oder Paris eintrifft, erzählt man sich gerührt, daß dieser erstaunliche Verleger paraguayische Urwaldindianer als Schriftsetzer und Drucker beschäftigt.

Tatsächlich arbeiten zahlreiche Indios in Puerto Bertoni, und zwar unter guten Bedingungen. Moisés mag die Indianer, er bewundert ihre Anpassung an ihren Lebensraum, er verherrlicht die Gesellschaft der Guaraní-Indianer und ist nahe daran, sie als beispielhaft zu betrachten. Viel Zeit widmet er der Erforschung ihrer Sprache und erstellt ein Kompendium der einheimischen Pflanzennamen. Während seine Beiträge zur Linguistik nicht ohne Verdienst sind, müssen die völkerkundlichen Arbeiten eher mit Zurückhaltung genossen werden; die schwärmerischen Schilderungen gehören zweifellos nicht zum Besten im wissenschaftlichen Werk Bertonis, dafür belegen sie, wie nah er den Indios stand.

Pilgerfahrt zu Wilhelm Tell

Es ist vielleicht dieser Teil von Bertonis Arbeit, der mir bei meiner Pilgerfahrt nach Puerto Bertoni – ein Jahrhundert nach der Gründung der Colonia Guillermo Tell und sechzig Jahre nach dem Tod des Gelehrten – am deutlichsten erschienen ist. Der Zufall hat oft eine geschickte Hand, und die Götter der Elemente schienen sich abgesprochen zu haben, um die damaligen Bedingungen möglichst wirklichkeitsgetreu nachzustellen. Die Fahrt von Foz do Iguaçu, im Bus bis zur Grenzstadt Puerto Stroessner, dann im Taxi, hätte eigentlich keine besonderen Schwierigkeiten bereiten sollen. Der paraguayische Taxichauffeur kannte zwar den Ort nicht, doch einer seiner Kollegen hatte ihm die notwendigen Angaben geliefert, und für die letzten paar Kilometer besaß ich eine gute Lageskizze. Dank eines Gewitters, das seinem tropisch heftigen Charakter alle Ehre machte, in Verbindung mit einer etwas großzügigen Auffassung vom Reifen-Minimalprofil, das für Lehmstraßen erforderlich ist, verwandelte sich unser Ausflug in eine Schlammschlacht von surrealistischen Ausmaßen. Bauern halfen uns immer wieder, aus diesem Schlamassel herauszukommen, und nur dank der entscheidenden Hilfe Cuijas, eines jungen Indios guaranischer Abstammung, erreichten wir schließlich unser Ziel – zu Fuß.

Inzwischen hat es aufgehört zu regnen, doch das Wasser fließt von überall her, tropft von den Bäumen, verwandelt die Waldwege in Bäche und die Treppen in Wasserfälle. Die Vegetation ist von überwältigender Fülle: Bäume, Sträucher, Blüten in allen Farben, Bananenstauden, Mangobäume, *mamones,* die überall wachsen und möglicherweise nie gepflückt werden. Cuija führt uns von den Pfaden weg in den Busch, um uns übersüße Beeren kosten zu lassen, deren Trauben die Form chinesischer oder japanischer Ideogramme bilden. Hermés macht die Dinge wieder gut, indem er die Rolle des Übersetzers besser erfüllt als jene des Chauffeurs. Auf einem Boden von Guaraní, mit spanischen und portugiesischen Brocken durchsetzt, fühlt sich der Stadt-Taxifahrer offensichtlich besser zu Hause als auf einer schlammigen Piste und weiß dieses Kauderwelsch auch uns verständlich zu machen. Später folgen Sträucher mit bereits faulenden einheimischen oder von Bertoni eingeführten Früchten. Cuija zeigt uns auch einige Natursehenswürdigkeiten: stammdicke Lianen, mächtiger als der Baum, der ihnen als Stütze dient und den sie völlig überwuchern. Mit einem Machetenhieb spaltet der Indio eine solche Liane der Länge nach, um uns die Stärke der Fasern vorzuführen.

Nach zwei oder drei Kilometern durch die prachtvolle Regenwaldszenerie taucht das Haus des Gelehrten auf, mit einem Schweizer Wappen auf der Tür. Es steht über den dunklen Fluten des Stroms. Gegenüber hat der Wald wieder Fuß gefaßt: bereits in Argentinien. Die natürliche Hintergrundmusik – das Murmeln des Wassers, Vogelgesang, untermalt vom Gekreische der Papageien und ähnlich geschwätzigen Verwandten – wird plötzlich von einem unpassenden Geräusch gestört: Motorenlärm. Ein Lastkahn fährt vorbei, offensichtlich mit einer Ladung Sand an Bord. Während der Regenwald, der den Feldern der Colonia Guillermo Tell weichen mußte, in den umliegenden Gebieten längst wieder seine angestammten Rechte geltend gemacht hat, ist die unmittelbare Umgebung des Hauses ein reizvoller botanischer Garten. Zu Füßen der Palmen und Kaffeesträucher nennen Bestimmungstafeln auch den Guaraníname der verschiedenen Arten. Es besteht kein Zweifel: Hier war Moisés Santiago Bertoni am Werk. Die Druckerei hatte sich im Erdgeschoß befunden. Das Arbeitszimmer im ersten Stock ist noch erhalten, überfüllt mit Büchern, Meßinstrumenten und persönlichen Gegenständen. Es ist ein kleines Museum, ohne große Mittel, aber mit einem staatlich besoldeten Wächter. In der schönen Jahreszeit kommen Busse mit japanischen, amerikanischen oder britischen Touristen von Foz do Iguaçu her, um dem Mann der Wissenschaft und der Wälder ihre Reverenz zu erweisen.

Ein Friedhof

Begraben ist Bertoni nicht weit entfernt, in einem rührenden, von Bäumen und Hecken eingefaßten familieneigenen Friedhof. Die Grabsteine tragen fast alle den berühmten Namen. Dr. Moisés Santiago Bertoni († 19. September 1929), daneben das Grab von Eugenia Bertoni († 24. August 1929), seiner drei Wochen früher in Südbrasilien verschiedenen Frau (Moisés war gestorben, ohne zu wissen, daß er Witwer geworden war). Hier ruhen auch Josephina de Bertoni (die am 1. September 1908 dahingegangene Mutter Giuseppina) und der Sohn Carlos Lineo Bertoni († 23. November 1916), der mit vierzehn an Knochenkrebs starb.

Der Tod von Carlos Lineo – so getauft zu Ehren des Begründers der Taxonomie, Carl von Linné – war für Moisés ein harter Schlag, hatte er doch in ihm seinen geistigen Erben gesehen und gehofft, daß er dereinst seine wissenschaftliche Arbeit fortsetzen werde. Ein Unglück kommt selten allein. Wir haben vom außergewöhnlichen Erfolg der Kolonie, von ihrem Höhepunkt gesprochen, doch Bertonis Lebenswerk sollte sich als ebenso vergänglich erweisen wie alles menschliche Streben: 1918 ruiniert ein ungewöhnlich harter Kälteeinbruch sämtliche Kulturen in Puerto Bertoni, die Kaffeepflanzungen sind vernichtet, die Bananenstauden und Zitrusbäume überleben nur knapp. Moisés Bertoni, dessen ganzes Leben eine Folge von Überraschungen war, nimmt das mit entwaffnender Gelassenheit hin: «Wir haben alles verloren, das stimmt. Aber gerade das ist doch eine einmalige Gelegenheit, zu beobachten, wie die Natur reagiert, sich anpaßt und eine solches Unglück überwindet!» Man erzählt sich in der Gegend, der große Mann habe in der Folge, alles andere als entmutigt, die Vögel und Tiere gefüttert und beobachtet, wie die Pflanzen wieder wuchsen. Die Bäume schlugen tatsächlich wieder aus, die andern Pflanzungen jedoch waren unwiderruflich vernichtet.

Ein dritter harter Schlag sollte verhindern, daß sich die Kolonie wieder erholte. Ein neues Gesetz über die Flußschiffahrt untersagte von 1918 an argentinischen Schiffen, Bürger und Waren des feindlichen Nachbarn Paraguay zu transportieren.

Bertonis Arbeitszimmer ist seit seinem Tod im Jahre 1929 kaum verändert worden, doch von der mehrere zehntausend Bände umfassenden Bibliothek des Gelehrten sind nur sechstausend Werke erhalten geblieben. Mitten im Dschungel setzte der Forscher seine Studien fort und veröffentlichte weiterhin die beiden wissenschaftlichen Zeitschriften, die er zuvor in Asunción herausgegeben hatte. Mit dem Unterschied, daß seine Drucker und Setzer jetzt Indios aus dem Regenwald waren, die er selbst angelernt hatte. Abonnenten seines Verlags, treffend Ex Sylvis genannt, waren Hochschulen und Wissenschaftler aus aller Welt.

Damit war der wichtigste Ausfuhrmarkt von einem Tag auf den andern versperrt, der Niedergang unaufhaltsam. Von 1924 an lebt Bertoni allein mit einem seiner Söhne hier; die andern haben den Familienbetrieb nach zahllosen Auseinandersetzungen verlassen. Trotz immer drängenderer materieller Probleme besucht er weiterhin Kongresse und setzt seine Forschungs- sowie publizistische Arbeit fort. Allerdings reicht der Ertrag der Kolonie nicht mehr, um seine vielfältigen Aktivitäten zu finanzieren: Sein letztes Projekt, eine Enzyklopädie Paraguays, kann er nicht vollenden; nur ein Zehntel des Werks ist veröffentlicht. 1929 stirbt er in Foz do Iguaçu im Alter von zweiundsiebzig Jahren und wird mit sämtlichen nationalen Ehren bestattet.

Was bleibt von seinem Werk? Einer der besten Bertoni-Kenner ist zweifellos Lorenzo Ramella, stellvertretender Konservator am Botanischen Garten Genf. Dieser an der ETH Zürich ausgebildete junge Agraringenieur lebte sechs Jahre in Paraguay und fliegt gegenwärtig für eine Doktorarbeit in Botanik regelmäßig ein bis zwei Monate im Jahr dorthin. Seine Spezialität ist der *chaco* im Nordwesten Paraguays, eine Region, die nichts mit dem südlichen Regenwald zu tun hat, den Bertoni erforschte. Doch wie soll man dieser allgegenwärtigen Figur entkommen, wenn man als Botaniker und Schweizer in Paraguay ist? «Ich bin ihm auf Schritt und Tritt begegnet», erinnert sich Ramella. «In den Zeitungen standen regelmäßig Artikel über Bertoni, und insbesondere über den Zustand von Puerto Bertoni. Man hat mich auch häufig über seine Herkunft befragt. Er nimmt in diesem Land einfach eine derart wichtige Stellung ein, daß man nicht um ihn herumkommt.»

Gewaltige Bibliographie

«Als ich 1983 im Landwirtschaftsministerium arbeitete», fährt Lorenzo Ramella fort, «bin ich auf die Rohfassung einer Bibliographie über Bertoni gestoßen. Die Autorin, eine Bibliographin aus Asunción, hat mich gebeten, die Arbeit zu beurteilen. Ich habe einige Fehler und Lücken gefunden. Dann hat es mich gepackt, und schließlich haben wir das Ganze zusammen an die Hand genommen. In der Bibliothek des Ministeriums, in Puerto Bertoni und in der Schweiz, besonders im Tessin, haben wir Nachforschungen angestellt. Das wichtigste von dem, was Bertoni in Paraguay, in Argentinien, im übrigen Lateinamerika und in der Schweiz veröffentlicht hat, haben wir erfaßt, und als wir die Bibliographie publizierten, war sie von fünf auf neunzig Seiten angewachsen!»

Wie wird Bertoni – der in Paraguay als bedeutendster Forscher des Landes und als sein herausragender Repräsentant in der wissenschaftlichen Welt gilt – heute von der Wissenschaft, insbesondere in der Schweiz, beurteilt? Das Paradoxe der Situation ist vielleicht bezeichnend: Der Botanische Garten Genf unterhält seit langem Beziehungen mit Paraguay, da er Sammlungen besitzt, die noch heute die Grundlage für wissenschaftliche Arbeiten bilden und von einem bekannten Schweizer Botaniker stammen: Dr. Emil Hassler. Hassler lebte um die Jahrhundertwende vierzig Jahre in Asunción, also gleichzeitig mit Bertoni. Die beiden kannten sich, waren aber zu gegensätzlich, um sich gut zu verstehen. Bertoni begnügte sich damit, Hassler gelegentlich Pflanzen zu schicken. Über die Systematik, die Klassifizierung der Pflanzen, waren die beiden Männer allerdings unterschiedlicher Ansicht; einmal fällte Hassler in einem Artikel ein vernichtendes Urteil über die wissenschaftliche Arbeit seines berühmten Landsmanns, und Moisés schrieb eine bitterböse Erwiderung.

«Das botanische Vermächtnis Bertonis ist nicht sehr groß. Umfangmäßig nimmt es weit weniger Platz in seinem Schaffen ein als etwa die Ethnologie und insbesondere der Ackerbau. Bertoni hat sich zu sehr verzettelt. Hätte er sich ganz auf die Botanik konzentriert, wäre sein Werk gewaltig. Doch der Mann war ein Wissenschaftlertypus, wie er heute nicht mehr vorstellbar ist. Das bezeugen schon die ersten Kapitel seiner angefangenen Enzyklopädie; seine Interessen und Kenntnisse umfaßten ein ungewöhnlich weites Feld: Geschichte, Geographie, Völkerkunde, Klimatologie, Geologie, Ackerbau, Botanik, Zoologie, Linguistik und was weiß ich noch alles. Außerdem darf man neben dem Wissenschaftler, der in ständigem Kontakt mit Kollegen aus der ganzen Welt stand, den politisch Engagierten nicht vergessen, der seine fortschrittlichen Ideen in die Praxis umsetzte. Ein Leben reicht kaum für all das ...»

Ein Plan für Puerto Bertoni

In Paraguay ist der greifbare Beweis für das Werk des legendären Gelehrten der bezaubernde, aber vom Zerfall bedrohte Landsitz. Die persönliche Bibliothek des Forschers umfaßt noch etwa sechstausend Bücher; sein privates Naturmuseum ist seit langem verschwunden, zusammen mit rund vierzigtausend Werken. Gegenwärtig steht jedoch der Gedanke im Raum, in Puerto Bertoni ein internationales Forschungszentrum unter dem Patronat der Schweiz zu schaffen. Verschiedene Disziplinen könnten hier Platz finden: Agronomie, Botanik, gewisse Humanwissenschaften. In dieser Richtung arbeitet im Tessin die von Nationalrat Massimo Pini präsidierte Fondazione Mosé Bertoni, die von L. Manfrini von der Radio-Televisione della Svizzera italiana ins Leben gerufen wurde. Abgesehen von der Symbolwirkung und der Kontinuität spricht noch einiges dafür, nicht zuletzt die Nähe internationaler Flughäfen in Brasilien und Argentinien. Sie sind wegen den beiden Hauptsehenswürdigkeiten entstanden: den Iguaçufällen und dem Itaipú-Staudamm am Paraná, dem größten der Welt. Bertoni war einer der ersten Erforscher dieser heute unter den Fluten des Stausees begrabenen Region gewesen.

Daneben hat der Standort noch einen eigenen Trumpf: die Vegetation, die im Zusammenhang mit der Zerstörung des Tropenwaldes durch den Menschen ein ideales Forschungsobjekt wäre. Man könnte ein Naturschutzgebiet schaffen; und die Ausbildung in einem Forschungszentrum in den Tropen könnte für unsere Agronomen und Entwicklungshelfer einen echten Nutzen bringen.

Und was bleibt dem paraguayischen Kleinbauern vom Vermächtnis Bertonis, abgesehen vom Mythos? Es ist greifbar und hat in einer Hand Platz. Etwas, das er konsultiert, bevor er sät, pflanzt oder erntet. Es ist ein Kalender wie unser *Hinkender Bote*. Man mag von ihm halten, was man will, doch er ist unentbehrlich.

Nova Friburgo in Brasilien
Kaffee und Karneval

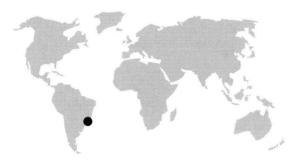

Fangen wir doch zur Abwechslung mit einem Tip an (aber bitte nicht weitersagen). Wenn Sie eines Tages Lust haben sollten, einen brasilianischen Karneval zu erleben, dann gehen Sie nicht nach Rio, gehen Sie lieber nach Nova Friburgo! Dort fehlt ihm zwar einiges vom Glanz, Flitter und Medienrummel des Treibens unter dem Zuckerhut, dafür ist er um so echter und sympathischer. Und zu jeder Jahreszeit gilt eigentlich: Wenn Sie schon mal in Rio sind, machen Sie den Abstecher hinauf ins nordöstlich gelegene Nova Friburgo. Für diesen Tip werden wir übrigens keineswegs vom lokalen Verkehrsbüro bezahlt. Es geht uns nur darum, zwei entscheidende Vorzüge der berühmten Schweizer Kolonie aufzuzeigen:

Zuerst einmal ist Nova Friburgo eine echt brasilianische Stadt, auch wenn man hier häufig auf Namen wie Thurler, Dafflon oder Muri stößt. Wie die ganze brasilianische Gesellschaft ist sie Ergebnis eines außergewöhnlichen Völker- und Rassengemischs. Das begann mit dem Auszug von über zweitausend Schweizern, von denen tausendsechshundertdreißig im Jahre 1820 das gelobte Land erreichten und die Kolonie gründeten. Vier Jahre später kamen dreihundertfünfzig Deutsche hinzu. Sie übernahmen das Ruder, und bald einmal lockte das blühende Städtchen Portugiesen, Spanier, Italiener, Libanesen, Japaner, andere Brasilianer und Abkömmlinge von Negersklaven an. Alle sind heute Brasilianer und stolz darauf, auch wenn sie ihre fernen Ursprünge nicht vergessen. Kommt man als Schweizer nach Nova Friburgo, hat man häufig Anrecht auf ein verständnisvolles Augenzwinkern, ein vertrauliches Lächeln oder einen Kommentar der Art: «Ich habe einen Freund, dessen Eltern kommen von dort!» Das erleichtert es, Kontakte zu knüpfen, soweit das in dieser kontaktfreudigen Gesellschaft überhaupt nötig ist. Denn wir sind hier wirklich in Brasilien, unter Brasilianern, nicht in New Glarus!

Der zweite Vorzug: Nova Friburgo liegt im Bundesstaat Rio de Janeiro, knappe zwei Stunden Busfahrt von der gleichnamigen Hauptstadt entfernt, die zum Symbol Brasiliens schlechthin geworden ist, deren Strände, Buchten und Mädchen seit Generationen die Vorstellungen exotischer Schönheit prägen. Doch gerade diese ebenso zauberhaften wie glühendheißen Buchten haben die einigermaßen wohlhabenden Einheimischen im Sommer seit je im Stich gelassen, um «dort hinauf» zu gehen, ins hügelige, von kleinen Tälern durchzogene Hinterland, wo auch Nova Friburgo mit seinem angenehmen Klima liegt. Das Verkehrsbüro zahlt uns wirklich nichts ...

Ein Aufenthalt in Friburgo (die Einheimischen schenken sich häufig den einen oder andern Namensteil), ohne auf die Beziehungen zwischen Freiburg und seiner Kolonie zu sprechen zu kommen, ist natürlich unvorstellbar. Zwar hatten die Freiburger die Erinnerung an die massive Auswanderung zu Beginn des 19. Jahrhunderts und die Existenz einer Kolonie in Übersee, auf der Südhalbkugel, etwas vergessen, wenn nicht verdrängt. Seit den siebziger Jahren hat sich das gründlich geändert, und zwar vor allem dank Martin Nicoulin sowie Pierre Kaelin und seinem Chor «Chanson de Fribourg». Und dank all jenen, die bei einigen vielbeachteten Besuchen die schlummernden Verbindungen zu wecken verstanden.

Die Reise von 1977

Der junge Freiburger Historiker Martin Nicoulin hatte Nova Friburgo zum Thema seiner Dissertation gewählt und sie dann veröffentlicht. Das Buch wird beachtet, plötzlich erinnert man sich wieder und kommt auf Ideen. Wenn wir uns das einmal aus der Nähe ansehen und diese entfernten Verwandten in Südamerika besuchen würden? Von der Idee zur Verwirklichung ist nur ein Schritt, und manche tun ihn auf eigene Faust. Von einem eigentlichen Wiedersehen zwischen den beiden Kommunen kann allerdings noch keine Rede sein. Dieses findet 1977 statt, auf Initiative des Chanson de Fribourg. Nach Tourneen in den Vereinigten Staaten, in Kanada und Japan beabsichtigt der bekannte Freiburger Chor nun auch eine Konzertreise durch Brasilien. Denn der Besuch von Nova Friburgo allein wäre kaum durchführbar gewesen; Auftritte in Rio de Janeiro, Brasília und Salvador da Bahía hingegen, mitsamt der touristischen Attraktion, die dieses Paket bietet, machen die Operation realistischer. Denn es geht ja darum, eine Chartermaschine zu füllen, also potentielle Reiseteilnehmer anzulocken.

Zum Zeitpunkt der Vorbereitungen haben sich die Organisatoren den überwältigenden Empfang, den man ihnen in Nova Friburgo bereiten sollte, zweifellos nicht vorstellen können. Sie planen eine offizielle, historische Visite. Deshalb ist es in den Augen von Pierre Kaelin vordringlich, die Blasmusik der Stadt Freiburg, die «Concordia», sowie die Behörden an dem Vorhaben zu beteiligen. In dieser Form wird der Plan begeistert aufgenommen, und Mitte November 1977 starten drei Chartermaschinen mit 190 Musikern und 272 Begleitern an Bord zur großen Reise, bei der sozusagen mit einem Flügelschlag anderthalb Jahrhunderte der Trennung aufgehoben werden sollen. Die vier Tage der «Wiedersehens»-Freude unter Verwandten, deren Urururgroßväter sich zuletzt gesehen haben – ein einziges großes Fest – sind allen Beteiligten in beiden Kontinenten unvergeßlich geblieben. Zehn Jahre danach sprechen sie noch immer mit unendlicher Dankbarkeit davon. Die Schweizer hatten in keiner Weise einen derartigen Empfang erwartet, weder in der Stadt selbst noch in den umliegenden Dörfern, in denen sich ein Teil der Vorfahren niedergelassen hatte. Sie hätten sich nie träumen lassen, daß sie nicht nur mit den üblichen Reden und Blasmusikkonzerten begrüßt, sondern mit einer derart überwältigenden Begeisterung und Gastfreundschaft aufgenommen würden. Die Brasilianer wiederum entdeckten, daß die Eidgenossen viel weniger reserviert waren, als sie befürchtet hatten, daß sie Feste und Verbrüderung zu feiern verstanden. «Davon wird sicher etwas übrigbleiben», sagten sich die Organisatoren dieser Begegnung beim Abschied.

Es ist viel geblieben, denn große Gefühle kommen der Kommunikation entgegen, und diese selbst wird ja weltweit immer einfacher. Die Auswanderer von 1820 hatten die Schweiz ohne Hoffnung auf eine Rückkehr verlassen. Hundertsechzig Jahre später sollte der «siebenundsiebziger Emigration» ein Zug in umgekehrter Richtung folgen, als Freiburg 1981 den fünfhundertsten Jahrestag seines Beitritts zur Eidgenossenschaft feierte. Der Besuch der Nachfahren der einstigen Siedler wurde denn auch gelegentlich treffend die «Wiederkehr von der Reise ohne Wiederkehr» genannt. Einige Jahre später, 1987, schlug das Pendel wieder in umgekehrter Richtung aus: Es ging erneut nach Westen und Süden. Die Sache ist in Gang gebracht, eine Tradition bildet sich, die – wie wir

Nach zwei Stunden Busfahrt ins nordöstliche Hinterland von Rio de Janeiro erreicht man Nova Friburgo, das sich eines ausgeglichenen Klimas erfreut. Die typisch brasilianische Stadt hat 145 000 Einwohner aller Nationalitäten und Hautfarben: Schweizer haben sie zwar gegründet, doch dann kamen Deutsche, Portugiesen, Italiener, Spanier, Libanesen, Japaner und natürlich Zuzüger aus dem ganzen restlichen Brasilien. Seit der Ankunft der ersten Schweizer Siedler ist einige Zeit vergangen: Während die Freiburger Herkunft der Thurlers für familienkundlich Bewanderte offensichtlich ist, muß man schon erraten, daß sich hinter Teixeiro oder Taixeirão das Geschlecht Tacheron verbirgt. Der Ansager des Lokalradios, ein typischer Vertreter des modernen Brasilien, heißt übrigens Ernani Huguenin ...

sehen werden – nicht mehr ausschließlich auf Jubel, Trubel, Heiterkeit beruht, sondern einen Austausch vielfältiger Art entstehen läßt. Doch vor dem Aus- ein Rückblick:

Im Sommer 1817 reist ein Vertreter der Freiburger Regierung, Sébastien-Nicolas Gachet, nach Brasilien zu König João VI. von Portugal, der seinen Hof in den dunklen Stunden der Napoleonischen Kriege nach Rio de Janeiro verlegt hatte. Zehn Monate später wird eine Vereinbarung unterzeichnet, in der die Bedingungen für die Gründung einer Kolonie festgelegt sind, die hundertvierzig Kilometer von der Hauptstadt entfernt liegen und den Namen Nova Friburgo tragen wird. Seine Majestät übernimmt die Reisekosten für maximal hundert Familien römisch-katholischen Glaubens.

Im Oktober 1818 stimmt der Freiburger Staatsrat der Vereinbarung zu und beginnt eine Werbekampagne, die den ganzen Winter über viel zu reden gibt. Schließlich schreiben sich 830 Einwohner auf der Präfektur ein, darunter rund hundert Staatenlose, die der Staat ganz gerne los wird. Sammelplatz ist Estavayer-le-Lac, wo noch 160 Walliser, 90 Waadtländer, 5 Neuenburger und 3 Genfer dazustoßen. Am 4. Juli 1819 feiert Monsignore Yenni im Morgengrauen die Messe, setzt den Pfarrer und den Vikar Neufreiburgs ins Amt ein, und unter den Blicken einer neugierigen Menschenmenge gehen die Auswanderer an Bord der drei Schiffe *Estavayer*, *Grandson* und *Yverdon*. Unter Böller- und Gewehrschüssen beginnt die Fahrt nach Basel, wo 500 Jurassier, 143 Aargauer, 140 Luzerner, 118 Solothurner und 17 Schwyzer das Maß der 2006 Auswanderer voll machen, die Martin Nicoulin gezählt hat.

Dramatische Überfahrt

Die Reise verläuft dramatisch. Ende Juli erreichen die Emigranten einen holländischen Hafen an der Maas, doch Verspätungen beim Verproviantieren und Klarmachen der Ozeansegler zwingen die Schweizer Auswanderer, sechs Wochen in einer sumpfigen Landschaft zu kampieren, wo viele mit Malaria angesteckt werden. Der Tod, der während der ganzen, fast dreimonatigen Überfahrt mit an Bord ist, schlägt schon zu, bevor die Schiffe den Anker lichten. Auf hoher See häufen sich die Todesfälle in solchem Ausmaß, daß der Schiffspfarrer auf das übliche Ritual verzichtet, um «die Kranken mit dem düsteren Klang der Abdankungsgesänge nicht zu erschrecken». Dreihundertfünfundsiebzig Auswanderer setzen den Fuß nie auf brasilianischen Boden. Am 3. Januar 1820 dekretiert der König offiziell die Schaffung von Nova Friburgo, und drei Monate später, am 17. April, feiern die Emigranten die Geburt ihrer Kolonie.

Was ist daraus geworden? Die Schweizer Bauern haben die Ärmel hochgekrempelt, das Land gerodet und bestellt, wobei sie sich den von der Heimat so verschiedenen Bedingungen anzupassen wußten. Sie haben die in der Region heimischen oder eingeführten Feldfrüchte übernommen: Kaffee, Bananen, Jams, Bataten, Zuckerrohr. Das Städtchen, das ins liebliche Tal des Rio Bengalas gebettet ist, hat sich nicht zuletzt dank seiner bevorzugten Situation entwickelt. Mit seiner Lage auf 850 Meter Höhe, dem ausgeglichenen Klima, guter Luft und der relativen Nähe zu Rio de Janeiro waren die Voraussetzungen erfüllt, um Privatschulen und den Fremdenverkehr anzulocken. Später kam auch noch die Industrie dazu.

Jetzt, in den neunziger Jahren, ist Nova Friburgo eine blühende Gemeinde mit 145 000 Einwohnern, einigen Dörfern und der Stadt selbst, welche die Metropole des mittleren und östlichen Teils des Bundesstaats Rio de Janeiro bildet. Rund ein Dutzend andere Gemeinden nutzen ihre recht gut entwickelte Infrastruktur. Hauptpfeiler der Wirtschaft ist der industrielle Sektor – vor allem Textil-, Metall- und Kunststoffindustrie –, in dem 35 Prozent der erwerbstätigen Bevölkerung beschäftigt sind. Die Holzverarbeitung spielt ebenso eine Rolle wie

Auf dem Gemeindegebiet von Nova Friburgo, das der Fläche des Kantons Thurgau entspricht, sind neunundsechzig Schulhäuser verteilt, das abgelegenste ist fünfzig Kilometer vom Stadtzentrum entfernt. Die meisten Schweizer leben in den ländlichen Gebieten der Gemeinde. In dieser Dorfschule in Benfica, bei Lumiar, heißen alle Schüler Overney und auch gleich noch die Lehrerin.

Das Dorf Lumiar ist von den Freiburger Kolonisten von 1820 gegründet worden, und den Berg im Hintergrund haben sie denn auch nach dem heimatlichen Moléson getauft. In der Gegend um Nova Friburgo spielt der Kaffee eine wichtige Rolle für die kleinen Pflanzer wie Carlos Tacheron in Amparo. Er hat siebentausend Kaffeebäume, die einen durchschnittlichen Jahresertrag von fünfhundert 60-Kilo-Säcken erbringen. Seine Ernte verkauft er dem Röster Mury, einem andern Schweizer Nachfahren.

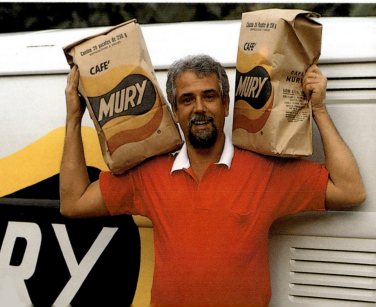

die Landwirtschaft, insbesondere der Gemüsebau. Der Tourismus hat inzwischen Tradition, und die Stadt kann – selbstverständlich nach Rio – die größte Zahl an Hotelbetten im Bundesstaat anbieten. Brasilianer aus Rio wie aus São Paulo fahren gern auf Urlaub oder für verlängerte Wochenenden hierher.

Carlito, Kaffeepflanzer

Wir hätten auch João Senglard oder einen seiner Nachbarn nehmen können. Aber wir haben uns für Carlos Tacheron entschieden, um den typischen Schweizer Nachfahren in Nova Friburgo vorzustellen. Er ist Bauer in Amparo, einem der zur Gemeinde gehörenden Dörfer. Sein Hof umfaßt ein Dutzend Hektar, die zur Hauptsache mit Kaffeebäumen bestockt sind. Siebentausend Bäume bringen einen Ertrag von rund fünfhundert 60-Kilo-Säcken pro Jahr. Carlito, wie er allgemein genannt wird, ist ein kleiner Kaffeepflanzer, der es verstanden hat, sich auf eine kolumbianische Sorte zu spezialisieren, die viermal pro Jahr geerntet werden kann. Dabei muß man sagen, daß er seine Bäume das ganze Jahr über hegt und pflegt. Doch sie danken es ihm mit besonders hohem Ertrag.

Carlito hat es so eingerichtet, daß er seine Ernte nicht sofort verkaufen muß. Das war nicht immer so, doch heute geht es ihm besser: «Man muß einen Lagerplatz haben und warten können, bis die Preise steigen. Gegenwärtig wird Rohkaffee für 2200 Cruzeiros gehandelt, für 9000, wenn er geschält und röstbereit ist.» Er verkauft die Ernte einem anderen Schweizer Abkömmling, dem Röster Mury. Wie sind ihre Beziehungen? «Ausgezeichnet», lobt Carlito. «Er ist einer der wenigen, bei denen man nichts unterschreiben muß. Handschlag genügt. Man hat mir erzählt, daß das bei den Schweizer Bauern auch so sei ...»

Carlos Tacheron, dessen Name «brasilianisiert» zu Taixeirão wird, ist in Amparo als Sohn eines Schweizers und einer Italienerin geboren worden. Er weiß nicht, welcher Vorfahre aus der Schweiz eingewandert ist, aber das ist auch nicht wichtig. Er ist stolz auf seine Herkunft, weil die Schweiz ein Land des Friedens ist. Carlito hat eine Maillard geheiratet, deren Westschweizer Abstammung offenkundig ist und die ihm sechs Töchter geboren hat. Als diese ins Schul- und Studienalter kamen, zog die Familie nach Nova Friburgo, und seither pendelt der Vater zum Hof hinaus. Er ist jetzt neunundfünfzig und verbringt jeweils das Wochenende in Nova.

In Amparo ist er eine zentrale Figur, bekannt, beliebt und geachtet. Man sagt von ihm, er sei nicht reich, aber ein ausgezeichneter Präsident ... Tatsächlich leitet er den Fußballklub, und dank seiner Energie und seiner Beziehungen ist es ihm gelungen, bekannte Mannschaften nach Amparo zu holen, die noch nie den Rasen von Nova Friburgo betreten haben. Sogar König Pelé war eines Tages in Amparo ... «Garrincha hat mir trotzdem besser gefallen», gesteht Carlito, der selbst noch immer Fußball spielt.

Was wäre Neu-Freiburg ohne Käse ...

Wie ihre Gastgeber wollten die Freiburger, die 1977 die Kolonie besuchten, das Wiedersehen zu einer dauernden Verbindung ausgestalten. Sie haben deshalb die Gesellschaft Fribourg-Nova Friburgo gegründet. Diese hat bereits verschiedene Veranstaltungen durchgeführt, welche den wiederangeknüpften Beziehungen Inhalt verleihen. Auf Schweizer Seite herrscht ein Gefühl der Dankbarkeit vor. Vor hundertfünfzig Jahren fanden sich Brasilianer bereit, Auswanderer aufzunehmen, die von ihrer Heimat nur mit Mühe ernährt werden konnten. Die Zeiten haben sich geändert; für die reich gewordene Schweiz war nun der Augenblick gekommen, die moralische Schuld zu begleichen. Im Sinne einer gezielten Drittwelthilfe haben die Freiburger beschlossen, in Absprache mit ihren

Freunden in Nova Friburgo Projekte zu finanzieren, die ihren Wünschen entsprechen. Zu diesem Zweck wurden Spenden gesammelt, und dank der Unterstützung durch den Kanton, durch Gemeinden, Unternehmen und die Bevölkerung Freiburgs konnte 1987 das erste derartige Gemeinschaftswerk eingeweiht werden: eine Käserfachschule.

Man nennt den Käser *o queijeiro;* er ist verantwortlich für die *queijaria-escola* und einer der zuletzt nach Nova Friburgo gekommenen Schweizer. Othmar Raemy ist am 25. April 1987 eingetroffen, mit dem Auftrag, die Käserei einzurichten. Nur der Rohbau war damals fertiggestellt, und da man hier trotz allem in Brasilien ist, verlangte der Ausbau der Anlagen im Eiltempo einiges Geschick. Doch am 1. August desselben Jahres konnte die Käserei feierlich eingeweiht werden, mit Blasmusik, einer großen Schweizer Delegation, begeisterten Einheimischen – und dem ersten selbstgekästen *queijo* zum Degustieren.

Ein knappes Jahr später laufen die Anlagen auf vollen Touren, und die Käserei rentiert. Die optimistischsten Voraussagen sind weit übertroffen worden und haben die Kritiker, die ebenfalls nicht fehlten, zum Verstummen gebracht. Der Erfolg ist zweifellos zu einem guten Teil das Verdienst des Käsermeisters.

Othmar Raemy war der richtige Mann zur richtigen Zeit, mit sämtlichen erforderlichen Kenntnissen und Erfahrungen. 1946 im greyerzerischen Charmey in einer Käserfamilie geboren, wächst er in Gumefens auf und macht die Matura in Freiburg. Er wollte zwar immer Käser werden, doch man hat ihn ermutigt, die bestmögliche Ausbildung zu erwerben. Deshalb macht er an der ETH Zürich den Agraringenieur mit Spezialisierung auf Milchwirtschaft. Nach verschiedenen Praktika, insbesondere in England, arbeitet er drei Jahre in Afrika für die schweizerische Entwicklungszusammenarbeit, wobei es darum geht, in Kenia ein Departement für Nahrungsmitteltechnologie aufzubauen. Vor und nach dieser entscheidenden Erfahrung in der Dritten Welt ist er Assistent an der ETH. 1975 wird er zum Leiter der milchwirtschaftlichen Ausbildung an der Forschungsanstalt für viehwirtschaftliche Produktion in Grangeneuve berufen. Dann folgt die Abreise nach Brasilien, im Rahmen eines unbezahlten Urlaubs.

Kontroverse

Othmar Raemy kannte Nova Friburgo und das Käsereiprojekt bereits, hatte dieses doch im Freiburgerland zu einer heftigen Kontroverse geführt. Gegner des Plans wandten ein, die Käserei werde mitten in einer Region aufgestellt, die für Milchwirtschaft ungeeignet sei. Deshalb wurde der Spezialist aus Grangeneuve mit einer Expertise beauftragt. Während eines einwöchigen Aufenthalts in Brasilien hatte er die Bauern besucht, die technischen Möglichkeiten überprüft und den bestehenden Markt sowie sein Entwicklungspotential analysiert.

Dabei kam er zum Schluß, daß das Projekt machbar sei, jedoch eine gewisse Aufbauzeit für die lokale Milchwirtschaft erfordere, was eine Investition von Schweizer Seite rechtfertige: «Selbstverständlich ist das kein Milchviehgebiet gewesen. Sonst wäre es ja absurd, mit externen Mitteln jene zu konkurrenzieren, die bereits Käse herstellen, wie zum Beispiel im Bundesstaat Minas Gerais. Unsere Herausforderung hier ist gerade, die Milchproduktion aufzubauen, und das ist mit etwas Zeit und Geduld auch möglich.»

Wie der Zufall so spielt, hatte der Lehrer in Grangeneuve gerade beschlossen, zehn Jahre nach seinem Afrikaaufenthalt nochmals ins Ausland zu gehen, und zu diesem Zweck um eine zweijährige Beurlaubung gebeten. Doch wohin? Pakistan, Zypern oder Dschibuti? Wieso nicht dieses Käsereiprojekt verwirklichen, dessen Berechtigung er mit einem Expertenbericht verteidigt hatte und an dessen Planung er anschließend beteiligt war?

Während des Besuchs von 1987 war der Empfang, der den Freiburgern in Brasilien bereitet wurde, außerordentlich herzlich, genauso wie 1977, als es zum ersten Treffen mit den Nachfahren der Fribourger Auswanderer von 1820 gekommen war. Und auch beim Gegenbesuch in der Saanemetropole, anläßlich der 500-Jahr-Feier des Beitritts zur Eidgenossenschaft, war dies nicht viel anders.

Suche nach fernen Verwandten: ein Senn auf dem Friedhof von Duas Barras, einem der ersten von Freiburgern gegründeten Dörfer. Die meisten Namen auf den Grabsteinen klingen für Saaneländer vertraut.

Am Karneval geht es in Nova Friburgo hoch zu und her. Der Karnevalskönig ist nicht selten helvetischer Abstammung, so auch Momo alias Morano Tardin (rechts oben). Während der vier Fastnachtstage steht die Stadt kopf. Traditionsgemäß kostümieren sich Behördemitglieder und andere Honoratioren der Stadt als Frauen, wie Rechtsanwalt Alberto Madeira (rechts unten), der hier mit einem Schweizer Freund das Tanzbein schwingt, selbstverständlich in allen Ehren.

«Im Grunde war das ideal für mich; eine Käserei von A bis Z aufzubauen war ein alter Traum ... Außerdem konnte hier meine Familie problemlos mitkommen.» Seine Bewerbung stieß auf allseitige Zustimmung, in der Schweiz wie in Brasilien, und das in ihn gesetzte Vertrauen erwies sich auch als durchaus berechtigt.

Das Käsewunder

Die Kosten für Bau und Einrichtung der Käserei und der Schule waren auf 700 000 Franken veranschlagt worden; 250 000 Franken zahlte das brasilianische Erziehungsministerium für die Schule daran. Der Kanton Freiburg gewährte eine Subvention von 100 000 Franken; Gemeinden, Unternehmen und Private hatten weit über alle Erwartungen auf die Spendenaufrufe reagiert. Die Grundlagen waren gesund. Und nach dem ersten Betriebsjahr hat die Käserei bereits die Rentabilitätsschwelle überschritten, wobei der Betriebskredit von knapp 20 000 Franken kaum beansprucht wurde.

Das grenzt an ein Wunder: «Wir haben gespart, wo es nur ging, und viel gearbeitet», erklärt Othmar Raemy. «Mit dem ersten Techniker von hier hat das nicht geklappt; deshalb habe ich einen ehemaligen Schüler aus Grangeneuve geholt, der bereit war, für einen minimalen Lohn anzupacken. Ich selbst koste nicht besonders viel, ich bin ja nicht gekommen, um Geld zu scheffeln. Und unsere einheimischen Mitarbeiter, rund ein Dutzend, beziehen Löhne, die leicht über dem lokalen Durchschnitt liegen, wobei das immer noch sehr bescheiden ist.» Hinzu kommt die Arbeit von Frau Raemy, die die Lieferungen besorgt, den Laden führt und überall aushilft. Sie hat übrigens als Kundeninformation eine Tonbildschau über Freiburg und die Käserei zusammengestellt. Eigentlich packen nur die beiden Töchterchen, die bei der Ankunft in Brasilien vier- und zweijährig waren, noch nicht in der Käserei mit an. «Am Anfang», fährt der Käsermeister fort, «haben wir rasch ein Dutzend Produzenten beisammen gehabt, die uns 500 Liter Milch lieferten. In der Phase der technischen Erprobung mußte der Milchnachschub sichergestellt sein, und das ist uns auch gelungen. Im Frühling 1988 hatten wir dann die Sache im Griff und beschlossen, die Anlage voll auszulasten. Mit dreißig Milchlieferanten brachten wir 1300 Liter zusammen, und das konnten wir durch Zukauf auswärtiger Milch auf 2000 bis 2500 Liter steigern. Wirtschaftlich war das am gescheitesten.»

Zuvor hatten die Bauern der Region ein wenig *minas* produziert, einen quarkähnlichen Frischkäse, der anderntags gegessen sein mußte. Manche lieferten ihre Milch nach Rio, entweder selbst oder über Genossenschaften, deren Sammeltouren allerdings unregelmäßig erfolgten. Die Viehzüchter waren deshalb nicht besonders daran interessiert, in stärkerem Maß Milchwirtschaft zu betreiben. Die von der neuen Käserei angebotene Lösung war da schon verlockender, und der finanzielle Vorteil lag auf der Hand. Das Vertrauen, das sich einstellte, zeigte sich darin, daß die Bauern in leistungsfähiges Milchvieh zu investieren begannen.

Gab es Probleme bei der Milchannahme? «In der Schweiz werden die Produktionsbedingungen streng überwacht. So etwas gibt es hier nicht, was zu Problemen mit gewissen Bakterien führt. Aus diesem Grund arbeiten wir auch nicht mehr mit Rohmilch, sondern pasteurisieren sie. Wenn beispielsweise Tuberkel- oder Brucellosenkeime vorhanden sind, hat man so trotzdem die Gewißheit, einen einwandfreien Käse herzustellen. Wir haben unsere Arbeitsweise anpassen und bestimmte Verfahren entwickeln müssen. Bei der Qualität der Milch nehmen wir es etwas lockerer, als die brasilianischen Normen vorschreiben, aber wir sind unnachsichtig, wenn sie nicht unseren Anforderungen in Sachen Frische entspricht, und das bekommt dann jeder am Portemonnaie zu spüren.

Unsere Lieferanten haben das rasch kapiert, und seither gibt's keine Probleme mehr mit saurer Milch und ähnlichem.»

Othmar Raemy bedauert, daß die Bauern zuwenig ausgebildet sind, muß er doch immer wieder feststellen, daß sie ihre Böden und das Vieh schlecht kennen. Für einen Fortschritt in dieser Hinsicht wäre eine Betreuung bitter nötig. Könnte man da im Rahmen einer Schweizer oder Freiburger Entwicklungszusammenarbeit etwas machen? «Das liegt nicht an den Schweizern», erwidert der Käser. «Es würde genügen, wenn die bestehenden Organisationen, die dafür verantwortlichen brasilianischen Ämter, aufwachen würden. Man muß sie antreiben, das ist alles, aber schon viel.»

Der Käse aus Nova Friburgo verkauft sich gut und zu einem anständigen Preis. Nicht weniger als achtzehn Produkte werden angeboten. In der billigsten Preislage findet man auch den *minas;* die Tendenz geht jedoch dahin, vor allem hochwertige Käse anzubieten. Man will nicht Billigkäse produzieren, sondern die Hersteller besser bezahlen können und einen höheren Rentabilitätsgrad für das Unternehmen erreichen. Der Gewinn könnte dann zum Beispiel dafür benutzt werden, den Schulen Milchdrinks zum Selbstkostenpreis anzubieten. Doch das ist vorläufig noch Zukunftsmusik.

Der Moléson von Rio

Eine der gängigsten Sorten heißt *Moléson:* Laibe von zwei Kilo, mit gewaschener Rinde. Im Geschmack liegt der Moléson zwischen Saint-Paulin und Tilsiter, ein vollfetter Halbweichkäse. Zur Palette gehören auch ein Raclettekäse, ein *friburginio* genannter Weichschimmelkäse, Ricotta, eine Art Boursin und – die Herkunft verpflichtet – ein Petit-Suisse. Hinzu kommen in der Saison zwei Ziegenkäse. Das war zwar nicht vorgesehen, doch da das Angebot an Ziegenmilch von Anfang an groß war, hat man sich um so lieber darauf verlegt.

Rio de Janeiro erscheint als der naheliegende Absatzmarkt mit hohem Entwicklungspotential für Produkte aus Nova Friburgo. Anfänglich haben Händler aus der Großstadt in der Käserei eingekauft. Eines Tages ist dann Othmar Raemy mit einigen hundert Kilo nach Rio gefahren, um das Gelände zu erkunden. Nach zwei Stunden war das Geschäft perfekt. Die Zwischenhändler konnte man sparen, es lohnte sich, direkt an verschiedene Hotels und Fachgeschäfte in Rio zu liefern.

Doch das Unternehmen ist ja als Schulkäserei geplant? «Im ersten Jahr war es ausgeschlossen, daß wir uns mit diesem Teil beschäftigten», erklärt Othmar Raemy, «abgesehen von der Schnellbleiche für unsere Angestellten. Doch vom April 1988 an wurde ich in der Produktion nicht mehr benötigt, außer für den letzten Schliff, für Neuentwicklungen oder bei Problemen. Deshalb konnten wir jetzt mit dem Schulversuch beginnen.

Zuerst mußten Bedarf und Lösungsmöglichkeit ermittelt werden. Innerhalb eines Vierteljahrs wurden acht eintägige Kurse durchgeführt, die ohne Eintrittsprüfung allen Interessenten offenstanden. Manche der Teilnehmer, die aus der ganzen Region kamen, bekundeten den Wunsch, längere Kurse zu besuchen. In einer zweiten Stufe folgte eine einwöchige theoretische und praktische Ausbildung. Die letzte Etappe wird dann eine sechs- bis zwölfmonatige Berufsschule sein, deren Absolventen in der Lage sind, in den Käsereien der Milchwirtschaftszonen der Bundesstaaten Minas Gerais, Paraná und São Paulo zu arbeiten.

Othmar Raemy denkt zum Abschluß nochmals an die gegenseitigen Beziehungen: «Es wäre gut, wenn ein junger Schweizer hierherkäme. Das wäre eine einmalige Erfahrung für ihn, und er würde viel lernen. Dieser Beitrag könnte dann Brasilien gutgeschrieben werden.»

Fragt man den Präfekten von Nova Friburgo, Herodoto Bento de Mello, eine ausgeprägte, populäre Persönlichkeit, was er von der Käserei und ihrem Beitrag für seine Gemeinde halte, antwortet er mit einem bildlichen Vergleich: «Wenn man einen Hof hat und seinen Viehbestand verbessern will, kauft man einen Stier, der das dann besorgt. Für uns ist diese Käserei ein Stier, der unsere Landschaft völlig neu belebt. Sie hat als Auslöser gewirkt. Die Milchproduktion ist bereits gewachsen, und das verändert die ganze bäuerliche Tätigkeit. Wir werden in unmittelbarer Nähe der Käserei ein Maissilo bauen. Sieben Kilometer weiter errichten wir mit Hilfe der Deutschen eine Landwirtschaftsschule. Eine andere, zwanzig Kilometer weiter – gemeinsam mit Belgien –, ist in Planung. Der Staat wiederum wird im Tal ein landwirtschaftliches Forschungszentrum bauen. Einen großen Markt, einen der größten in Brasilien, hatten wir bereits, wo die Gemüsebauern die Ware direkt an die Kundschaft verkaufen, die von Rio herkommt. Wir haben ihn vor zehn Jahren ausgebaut, doch das hat nicht denselben Entwicklungsschub ausgelöst wie jetzt die Käserei.»

Der neue bäuerliche Elan paßt zur Politik, die Herodoto und sein Team verfolgen, kämpfen sie doch gegen die Abwanderung in die Städte. Auf den 1009 Quadratkilometern Gemeindegebiet leben 145 000 Personen, davon 125 000 in der Stadt (zum Vergleich Thurgau: 1013 km^2, 183 000 Einwohner). Die Landflucht konnte in letzter Zeit gebremst werden, nicht zuletzt dank dem Aufbau eines leistungsfähigen Autobusnetzes. Neue Straßen und Verbindungen wurden geschaffen. Der Einheitstarif, bei dem die Fahrstrecke keine Rolle spielt, verhindert, daß das Wohnen in abgelegenen Gebieten «bestraft» wird. Deshalb beginnen sich um Nova Friburgo die Bidonvilles zu leeren, viele Zuwanderer richten sich wieder in den ländlichen Regionen häuslich ein und entlasten damit die städtische Infrastruktur. Diese Politik, die nun Früchte trägt, machte Herodoto, ein begnadeter Redner, der Bevölkerung in ausführlichen Radiointerviews schmackhaft, unterstützt durch spektakuläre Aktionen. Das Eintreffen der ersten dreißig neuen Busse, auf der Hauptstraße wie zur Parade aufgereiht, war Anlaß für ein ausgelassenes Volksfest.

Der Name der Lehrerin

Die Nachfahren der Schweizer Emigranten sind von diesen Anstrengungen direkt betroffen, hatten sich doch die meisten von ihnen auf dem Land niedergelassen. Das ist auch heute noch deutlich zu erkennen; in den Dörfern und Weilern der Gemeinde überwiegen sie bei weitem. So heißen beispielsweise in einer Schulklasse sämtliche Kinder Overney, und die Lehrerin gesteht lächelnd: «Ich auch!»

Das Schulproblem gehört zu den gewichtigeren Sorgen der Gemeindeverwaltung. Die Betreuung von rund siebzig Schulen, manche bis zu vierzig Kilometer von der Stadt entfernt, ist nicht einfach. Unterhalt oder Neubau erfordern Mittel, die nur zu oft fehlen. Freiburg im Üechtland hat das begriffen und beim Wiederaufbau einer kleinen Dorfschule einen wichtigen finanziellen Beitrag geleistet.

Overney, Dafflon, Jaccoud, Marchon, Monnerat. Die Schweizer Einwanderer der ersten Stunde haben die Kontrolle über die Stadt beim Eintreffen der Deutschen verloren, welche deren Industrialisierung einleiteten. Erst nach dem Zweiten Weltkrieg sind einige Familien schweizerischer Herkunft zu Wohlstand und wirtschaftlichem Einfluß gelangt, so daß sie in der Stadt eine Rolle zu spielen begannen. Ein bekannter Rechtsanwalt portugiesischer Herkunft, Alberto Madeira, sagt, daß man die Schweizer in Nova vor der Wiedersehensfeier von 1977 nicht besonders beachtet habe: «Man hat von den Nachfahren der Deutschen, der Portugiesen, der Japaner gesprochen, aber kaum je von Schweizern. Dazu muß man sagen, daß die Schweizer mehrheitlich zur ärmeren Bevölkerungsschicht in der Präfektur gehörten, die hauptsächlich in den Randgebieten der Stadt und auf dem Land wohnt. Erst nach den beiden Begegnungen von 1977 und 1981 hat sich das geändert.

Die Leute haben sich auf ihre Schweizer Herkunft besonnen und ein neues Selbstvertrauen erlangt.»

Die Beziehungen mit Freiburg haben etwas gebracht, das Präfekt Herodoto besonders gefällt: Sie waren Ansporn, sich mit den eigenen Wurzeln zu beschäftigen. «Das ist für uns wichtig, legen wir doch Wert darauf, daß diese einzigartige Stadt sich auf ihre Vergangenheit, ihre Herkunft stützt und sich aus eigener Kraft entwickelt, ohne auf die Unterstützung des Zentralstaats zu zählen. Wir liegen hier abseits der großen nationalen Verkehrsachsen und sind eine Stadt von Einwanderern, nicht von Herumziehenden. Das ist der große Unterschied. Leute, die sich entschieden haben, aus Europa hierherzukommen und zu arbeiten, mußten eine schwere Entscheidung treffen. All das vermittelt unserer Bevölkerung eine außerordentliche Charakterstärke. Ich spreche mit meinen Kollegen im Scherz gern vom ‹Volk der Republik Nova›. Es ist anders, und diese Andersartigkeit hat mit seiner Herkunft zu tun. Wir sind die einzige Gemeinschaft in Brasilien, welche die Nationalfeiertage ihrer sieben wichtigsten Herkunftsländer gemeinsam feiert. Unsere Geschichte war lange vergessen, doch jetzt, wo man sich wieder erinnert, muß das lebendig bleiben. Wir können daraus neue Kraft schöpfen, wenn wir uns bewußt sind, daß wir hierhergekommen sind, um zu arbeiten und diese Region voranzubringen.»

Der Fall von Alberto Madeira verleiht den Wiedersehensfeiern zwischen der Schweiz und ihrer Kolonie eine besondere Dimension. Zum zehnten Hochzeitstag wollte er seiner Frau eine Reise nach Europa schenken. Das Paar schloß sich der Fahrt ins Freiburgerland an, um einmal etwas anderes zu sehen als das heimatliche Portugal, das es bereits einmal besucht hatte. Beide haben sich auf den ersten Blick derart in die Schweiz verliebt, daß selbst dem kühlsten Tellensohn warm ums Herz wird. Wie alle andern Teilnehmer haben sie bei einer Familie gewohnt, in ihrem Fall jene von Arsène Bürger. Obwohl man sich nicht in einer gemeinsamen Sprache verständigen konnte, waren sich die beiden Familien so sympathisch, daß sie seither eng befreundet sind und keine Gelegenheit auslassen, sich zu schreiben oder zu besuchen; Alberto ist der Pate eines kleinen Bürger.

«Ich war beeindruckt von der Offenheit und Herzlichkeit dieser Schweizer, die man doch häufig als kalt, distanziert und wenig großzügig charakterisiert», erinnert sich Alberto Madeira. «Wir sind alle empfangen worden, als gehörten wir zur Familie, das war einmalig. Und ich habe bei einem späteren Besuch – als ich keinen Nova-Friburgo-Anstecker trug – feststellen können, daß das nicht nur wegen dieses Wiedersehensfestes so war. Die Schweizer haben ein offenes Herz; vielleicht vergessen sie das manchmal selbst, doch genügt ein kleiner Anstoß, damit sie sich wieder darauf besinnen.»

Mit Alberto Madeira ist es wie mit den meisten Brasilianern und wie mit der Schweizer Schokolade: Es braucht nur ein wenig Wärme, und schon schmelzen sie. Wenn Sie ihm bei Ihrem Besuch in Nova Friburgo begegnen, erzählen Sie doch ein bißchen von daheim, er wird Sie in seine Arme schließen. Dann wird sich der Anwalt nicht davon abhalten lassen, gefühlsselig von seinen helvetischen Erinnerungen zu erzählen, die Verdienste seiner Schweizer Freunde zu rühmen und die unzertrennliche Freundschaft Brasiliens und Portugals mit dem Volk der Hirten zu beschwören. Bern weiß vermutlich gar nicht, was für einen beredten Botschafter es in Brasilien besitzt.

Sechzig Jahre Abenteuer in Südamerika
Weihnachtsmann in Brasília

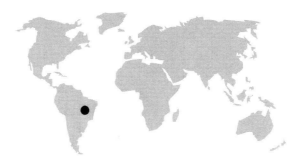

Von allen Gestalten schweizerischer Herkunft, denen wir rund um den Erdball begegnet sind, ist Florian Portmann zweifellos eine der farbigsten und auch eine der rührendsten. Florian ist der bekannteste, populärste Einwohner der Hauptstadt Brasília, zumindest bei den Kindern: Mit seinem langen weißen Haar und dem buschigen Bart ist er für sie das ganze Jahr der Weihnachtsmann.

Bad in der Menge garantiert

Begleitet man ihn auf einem Spaziergang durch die breiten Hauptstraßen der vor einem Vierteljahrhundert aus dem Nichts geschaffenen Musterstadt oder in die Arbeiterviertel der Trabantenstädte, welche in der Zwischenzeit rundherum aus dem Boden geschossen sind, ist ein Auflauf unvermeidlich. Scharen von Kindern rennen dem alten Mann entgegen und begrüßen ihn mit begeistertem «Pai Natal! Pai Natal!» Sie strecken ihre Hände nach ihm aus – nicht weil sie ein Geschenk erwarten, da sie nur zu gut wissen, daß nur einmal im Jahr Bescherung ist, wenn überhaupt ... Nein, sie wollen ihn einfach berühren, ihm guten Tag sagen und seinen Segen bekommen. Sie drücken ihre Köpfe ans Gewand des überaus würdigen Patriarchen, der ihnen mit einer Geste von biblischer Einfachheit die Hand auflegt und sie liebkost. Die Szene wiederholt sich zehn-, zwanzigmal auf dem Weg zum orthopädischen Spital Brasílias, wo er den unglücklichen Kindern, die dort bettlägerig sind oder auch für immer nicht mehr gehen können, jeden Tag Geschichten erzählt.

Ein Abenteuerroman

Mit über achtzig ist Florian Portmann die Verkörperung von Frieden und Güte, die Gestalt der Weisheit und Liebe im Reich der Kinder. Ein außergewöhnlicher Abschluß für ein Leben, das lange Zeit von Gewalt und Aufregung, von Abenteuer und Tod geprägt war, in einem Brasilien, das der Welt in den härtesten Western zum Verwechseln gleicht. Die Geschichte seines Lebens ist ein Abenteuerroman mit den unglaublichsten Episoden, inmitten dieses Schmelztiegels Brasilien, der mit seiner eigenen Erschaffung nicht zu Rande kommen will. Nennt man Brasilien nicht deshalb Land der immerwährenden Zukunft? Florian hat hier bis jetzt sechzig und ein paar Jahre mehr gelebt. Er hat alles gemacht, vom Gaucho zum Goldsucher, in den entlegensten Ecken der Pampa und des amazonischen Regenwalds, bevor er mit einem Satz mitten in die futuristische Moderne Brasílias sprang.

Seine Geschichte hat er uns stückchenweise erzählt. Den ersten Teil in der Schweiz, im Sommer 1985. Er war in die Heimat zurückgekehrt, die er sechzig Jahre zuvor verlassen hatte, und wir hatten mit ihm die Orte seiner Jugend besucht: «Was sich am meisten verändert hat», meint er, «sind die

Miststöcke: Sie sind nicht mehr so gepflegt wie früher!» Sonst schweifte der lebhafte Blick des Achtzigjährigen ohne Erstaunen über die doch einigermaßen verwandelte Landschaft. Verständlich, wenn man bedenkt, daß er in Brasilien ja weit spektakulärere Veränderungen erlebt hat.

Trotzdem hatte diese Heimkehr etwas Rührendes, zumal der zweieinhalbmonatige Aufenthalt bei seinem Bruder André für Florian völlig unerwartet gekommen war. Er verdankte ihn der Großzügigkeit des Pflegepersonals und der Ärzte des Spitals in Brasília; sie hatten eine Sammlung gemacht, um ihrem geliebten *Suiço* eine Reise in die Heimat zu schenken. Er hatte das königliche Präsent mit einem gerührten Stammeln angenommen und das Flugzeug nach Genf bestiegen.

Staunende Bistrogäste in Saint-Saph

An einem Nachmittag haben wir mit ihm die Weinberge des Lavaux besucht, die er wiedersehen wollte. In der Auberge de l'Onde in Saint-Saphorin begann er vom Brasilien der dreißiger Jahre zu erzählen. Es waren fesselnde, magische Augenblicke: Der Erzähler, der einer fremdartigen Märchenwelt entsprungen schien, seine Geschichten, weit ausholend und mit dramatischen Höhepunkten beschrieben, vermischt mit alten Waadtländer Wendungen und portugiesischen Kraftausdrücken, die bildhaften Handbewegungen und die krachend auf den Tisch donnernde Faust, mit der er besonders spannende Passagen untermalte ... Während zweier Stunden, die im Flug vorübergingen, hingen sämtliche Bistrogäste wie gebannt an den Lippen dieser faszinierenden Persönlichkeit. Es fehlte nicht viel, und sie hätten geklatscht, als Florian aufstand und sich entschuldigte, weil er zum Abendessen erwartet wurde. Schade, alle hätten gern die Fortsetzung gehört ...

Uns hat er sie zwei Jahre später erzählt, bei sich zu Hause, in Brasília. Tatsächlich haben wir wieder bei Null angefangen ... schließlich waren wir neugierig, ob das denn wirklich alles stimme. Doch man kann Florian zu seinem Gedächtnis nur gratulieren, erinnert er sich doch an die kleinsten Details seines Lebens. So nennt er Geburtsort und Vornamen der Väter unzähliger Menschen, die ihm in seinem bewegten Leben über den Weg gelaufen sind. Schwierigkeiten hat er eher damit, seine Bände füllenden, präzisen Erinnerungen chronologisch und zusammenhängend zu erzählen. Wir sind ihm dabei behilflich gewesen und haben gleichzeitig versucht, Wahrheit und mögliche Legende auseinanderzuhalten.

Hier also der holprige, kurvenreiche Lebensweg Florian Portmanns: Geboren wurde er 1905 in Orbe, wo er auch seine Schulzeit verbracht hat. Im Nachbardorf Bofflens erinnert man sich an ihn: als Halbwüchsiger hütete er die Kühe von Justin Gonin. Mit fünfzehn kam er nach Rances zu einem Bauern. Er arbeitete auch in den Weinbergen des Lavaux, doch schon bald ging er ins Ausland, nach Paris, wo er bei der Firma Air Liquide als Hilfsmechaniker eingestellt wurde. «Da gab es dann diese Explosion!» schimpft der Achtziger, dem es blendend geht, der sich jedoch bis heute über seine Schwerhörigkeit als Folge dieses Unfalls beklagt, der sich drei oder vier Jahre nach seiner Ankunft in der französischen Hauptstadt ereignete.

Explosion in Paris

«Die Explosion von achtzehn Litern flüssigem Sauerstoff hat mir das eine Trommelfell gespalten und völlig entspannt. Man muß wissen, daß flüssiger Sauerstoff bei minus 200 Grad gelagert wird und beim Kontakt mit Fettstoffen unvermittelt wieder in seinen gasförmigen Zustand zurückkehrt. Das gibt eine gewaltige Explosion, wie von einer großen Bombe. Es war Sonntag; man hatte mich gebeten, etwas fertigzumauern, und ich war allein, gerade hinter der Trennsäule, wo das Luft-Gasgemisch

Nach achtzig Jahren eines besonders bewegten und intensiven Lebens erzählt hier Florian Portmann in der Freiluftküche seines Häuschens in einer Trabantenstadt von Brasília der kleinen Marieta eine Geschichte. Seine Frau, Doña Eve, und er haben das Kind aufgenommen, genauso wie die dreizehnjährige Michèle. Dann verabschiedet er sich von den Seinen. Eine vornehme Pflicht ruft: etwas Sonnenschein ins Leben kleiner Behinderter zu bringen.

zerlegt wurde: eben in Sauerstoff, dann in Stickstoff, Argon, Krypton, Neon ...»

Das Gedächtnis Florians funktioniert bestens, und sein erzählerisches Talent versetzt einen wirklich ins Paris der zwanziger Jahre. Unzählige Details untermalen seinen Bericht, halten die Spannung aufrecht – man kann ihm stundenlang zuhören.

«Ein Praktikant von der Ingenieurschule, ein gewisser Ribaux, hat mich gefragt, ob es flüssigen Sauerstoff in der Säule habe, er brauche zwanzig Liter für seine Experimente im Labor. Ich habe genickt und ihm den Hahnen gezeigt, dann habe ich an meiner Mauer weitergemacht. Zwar habe ich schon gesehen, wie er ein Reis aus dem ölverschmutzten Besen gebrochen hat, aber doch nicht gedacht, daß er damit den verstopften Trichter ausstößt und ihn dann zum Abfüllen braucht! Gehört habe ich nichts: Seinen Kopf hat man dreihundert Meter weiter weg gefunden, einen Arm hier, ein Bein dort ...

Ich bin wie von Sinnen gewesen. Der Portier ist gekommen und hat geschrien: ‹Was ist passiert? Das Dach ist weg!› Und tatsächlich war das Glasdach in tausend Stücke geflogen. Ich bin davongerannt wie ein Verrückter, über den Rio Seine nach Hause, in mein Zimmer. Während fünf Tagen bin ich völlig durcheinander gewesen. Natürlich ist der Polizeikommissar gekommen, um mich zu befragen, weil ich ja der einzige Zeuge gewesen bin. Aber ich habe keine vernünftige Antwort herausgebracht; erst nach einer Woche habe ich dann auf dem Posten meine Aussage gemacht. ‹Aber wieso haben Sie ihn das mit Reis machen lassen?› hat mich der Kommissar mehrmals gefragt. Ich: ‹Normalerweise füllt man den Flüssigsauerstoff in eine isolierte Spezialflasche ab, ich habe ja nicht ahnen können, was er mit dem Reis machen wollte, er hätte es ja auch als Zahnstocher benützen können ...›»

Der Unfall bei der Air Liquide hat Schlagzeilen bis in die Schweiz gemacht, wo sich Florians Vater aufregte und seine Rückkehr forderte. Der junge Mann mußte nachgeben, aber nur für ein paar Wochen. Dann war er wieder in Paris, diesmal als Ausläufer bei der Ladenkette Félix Potin, dann im Warenhaus Moreau & Durand. Bis zu seinem zwanzigsten Geburtstag wechselte er in Paris noch ein paarmal die Stelle.

Der amerikanische Großvater

Zu diesem Zeitpunkt packte ihn die Lust, nach Kanada auszuwandern. Er hatte schon verschiedene Schritte unternommen, um Land zugeteilt zu bekommen, und wäre auch nicht der erste in der Familie, der den Atlantik überquerte. Sein Urgroßvater mütterlicherseits, ein gewisser Durussel, vor dem Aufstand der Neuenburger gegen das städtische Regime (1848) Präfekt des Val-de-Travers, war damals geflüchtet und hatte sich südlich des Ontariosees im amerikanischen Bundesstaat niedergelassen. Er soll an den Folgen einer Verletzung im amerikanischen Bürgerkrieg (1861) gestorben sein. Sein drüben geborener Sohn, Florians Großvater, kehrte in die Heimat zurück und ließ sich im Neuenburgischen nieder, wo er eine Parisod heiratete, die ihm zwei Söhne und drei Töchter gebar, darunter Julie, die Mutter Florians.

Väterlicherseits sind keine großen Reisenden zu vermelden, bis auf einen Onkel, der ihn in Paris aufnahm. Großvater Portmann aus Luzern hatte beim Bau des Simplon- und des Gotthardtunnels gearbeitet, bevor er sich einen Hof im Pays-d'Enhaut kaufen konnte. Vater Alfred und Mutter Julie hatten fünf Buben: Alfred, Fernand, Louis, Florian und André: «Die drei ältesten sind gestorben», sagt Florian. «Ich habe nur noch André, der zehn Jahre jünger ist als ich.»

Aus der Kanadareise wird nichts. Inzwischen hat Florian einen jungen Deutschschweizer kennengelernt, der einmal in Brasilien gewesen ist, von dem Land schwärmt und ihm vorschlägt, zusammen hinzugehen. Florian ist leicht zu überzeugen. Er kehrt noch einmal in die Schweiz zurück, um sich von den Angehörigen zu verabschieden, dann schifft er sich im Dezember 1927 in Le Havre auf dem Küstenschiff *Bagé* ein. Allein – sein Kollege hat sich im letzten Augenblick gedrückt. Doch was soll's, Florian freundet sich mit einem Engländer namens Hardwich an, der für den Präsidenten des Jockey Clubs von Rio, Lineo de Paula Machado, eine Lieferung Vollblüter nach Brasilien bringen muß. Dreihundert portugiesische Auswanderer sind ebenfalls an Bord, da braucht es keine besonderen Kurse, um schnell einmal ein paar Brocken der wichtigsten Sprache Brasiliens intus zu haben, selbstverständlich zuerst die gröbsten Wörter. Das Schiff legt in jedem Hafen an, um Fracht zu löschen oder an Bord zu nehmen, in Spanien, Portugal und Dakar, bevor es auf die Überfahrt nach Pernambuco in Brasilien geht. Dann folgen São Salvador da Bahía, Vitoria, Rio.

Englische Reben schneiden...

Florian setzt seine Reise bis São Paulo fort: «Bei meiner Ankunft in ‹Saint-Paul› habe ich keine bestimmten Pläne gehabt. Zwei Bekannte vom Schiff haben mir ein Hotel in der Rua Concession angegeben. Da wimmelte die Matratze derart von Wanzen, daß ich lieber direkt auf den Stahlfedern geschlafen habe. Trotzdem haben mich die Viecher fast aufgefressen. Am andern Tag hat mich das Schweizer Konsulat aufs Einwanderungsbüro im Bahnhof Bras geschickt, wo diejenigen ankommen, die von der Dürre im Nordeste vertrieben werden. Alle, die Arbeit suchten, schickte man an die bolivianische Grenze zum Straßenbau. Mir ist davon abgeraten worden, aber man hat mich gefragt, ob ich Reben schneiden könne. Und ob ich das konnte! Das war also meine erste Arbeit in Brasilien: den kleinen Rebberg einer englischen Pension pflegen, der seit fünf Jahren nicht mehr geschnitten worden war.

Aber ich bin nicht lange dort geblieben, weil die Chefin ein Auge auf mich geworfen hatte und nach vierzehn Tagen ihren alten Gärtner auf die Straße setzen wollte, um mir seine Stelle zu geben. Ich habe ihr gesagt: ‹Das ist es nicht meine Art, andern das Brot vom Mund wegzustehlen, schon gar nicht einem Alten›, und habe meinen Lohn verlangt, dreißig Milreis, und bin nach Araras gezogen.»

Milreis war bis 1927 die offizielle Währung Brasiliens, aber noch lange darüber hinaus im Umlauf, und Florian erwähnt sie immer wieder. Ein Milreis hatte 1000 Reis; eine «Kiste» Reis war laut Florian 1000 Milreis.

Milchkannen putzen

Florian fährt also mit der Eisenbahn ins hundertfünfzig Kilometer nordwestlich von São Paulo gelegene Araras, denn sein englischer Freund Hardwich hatte ihm die Adresse eines dortigen Gutsbetriebs angegeben, die *fazenda* São José. Doch am Bahnhof Araras hört ein Glarner Ingenieur, der eben Milchmusterlieferungen abholt, daß er Schweizer ist und schlägt ihm vor, sich bei der nahegelegenen Schweizer Fabrik vorzustellen. «Ich bin zu Direktor Streit gekommen», erinnert sich Florian, «und habe ihm gesagt, daß mein Vater bei Nestlé in Vevey und später in Orbe gearbeitet hat, wo er Vorarbeiter gewesen ist. Herr Streit brauchte mich eigentlich nicht, doch weil er mir helfen und Gelegenheit geben wollte, die Sprache besser zu lernen, hat er mir vorerst eine Stelle als Handlanger beschafft: Wagen abladen, Milchkannen waschen...»

Diese Milchstraße durcheilte Florian als Komet, gab er doch die Milchwagen nach einem Monat wieder auf, Folge eines spektakulären Streits – des ersten in einer ganzen Reihe – mit einem Arbeitskollegen, der die dumme Idee gehabt hatte, ihn mit dem Wasserschlauch aufs Korn zu nehmen. «Ich habe ihm die Turbine der Zentrifuge an den Kopf

Die Busfahrt von der Satellitenstadt ins Zentrum Brasílias, der auf dem Reißbrett geplanten und innerhalb weniger Jahrzehnte aus dem Boden gestampften Hauptstadt Brasiliens, dauert lang. Doch sie gibt Gelegenheit für vielfältige Begegnungen. Florian ist im Bundesdistrikt sehr populär: Hier umarmt ihn der Metzger seines Viertels, und überall, wo ihn Kinder sehen, springen sie ihm mit freudigem «Pai Natal!» entgegen.

geschmissen, dann habe ich mich auszahlen lassen und bin gegangen!» Dieser Refrain wird uns noch einige Zeit begleiten...

Butter und Honig

Florian läßt sich nicht auf die Füße treten, das wird sich noch mehrmals zeigen. Doch das ermöglicht ihm, in einer brutalen Welt zu überleben, in der man besser gefürchtet ist als bemitleidet wird, wobei von Mitleid sowieso kaum je die Rede sein kann. Florian schlägt manchmal über die Stränge, ist aber nie berechnend. Seine Kündigungen und Stellenwechsel sind ebenso spektakulär wie unüberlegt. Doch er fällt immer wieder auf die Füße, so auch diesmal. Mit der Empfehlung von Hardwich wird er auf der Fazenda São José, auf halbem Weg zwischen Araras und Rio Claro, eingestellt. «Der Betriebsleiter, ein Belgier namens Ledan, hat mir angeboten, für ihn zu buttern. Ich habe neue Maschinen installiert – Entrahmanlage, Rührwerk, Knetmaschine, und pro Tag fünfundzwanzig Kilo gebuttert – genau wie seinerzeit als Bub im Jura, auf der Alp La Dénériaz bei Sainte-Croix. Ich habe auch begonnen, mich um die Bienen zu kümmern und Honig zu machen.«

Wie alle Schweizer Sennen zwischen dem Appenzell und den Anden analysiert Florian jeden Tag die Milch jeder Kuh, wählt aus, läßt die besten Tiere vom besten Stier der Gegend decken und bemüht sich so, die Leistung ständig zu verbessern. Mit einem Wort, in der Welt der Viehzucht ist alles bestens bestellt, und Florian läßt sogar seinen Bruder Louis kommen, der für den Besitzer der Fazenda, wieder einmal Lineo de Paula de Machado, auch gleich noch Bordelaiser Kühe und Stiere mitbringt.

Doch leider übergibt der belgische Betriebsleiter, der gute Monsieur Ledan, im Alter von achtundsiebzig Jahren das Ruder einem andern, dem Italiener Eduardo Zucchari. Dessen erste Tat ist, einem Landsmann und Mortadella-Fabrikanten sämtliche trächtigen Kühe Florians zu verkaufen, ohne ihn zu fragen und unter dem Vorwand, sie würden in der drohenden Dürre sowieso krepieren: »Das war gelogen, denn ich hatte dreißig Heustöcke als Vorrat«, schimpft Florian, der sich auch fast sechzig Jahre später noch fürchterlich darüber aufregt. «Dann hat er mir vorgeschlagen, ich solle mich um die Bienen einer anderen Fazenda kümmern, Paula Suz in Itipucatu, die dafür sehr günstig sei. Er hat mir dreihundertfünfzig Schwärme versprochen. Mein Bruder sollte sich weiter um die Milchkühe und die Aufzucht der Vollblutfüllen kümmern, für die nur entrahmte Milch in Frage kam.»

In Wirklichkeit ist der neue Standort für die Bienenzucht völlig ungeeignet, da viel zu windig; Florian muß einen anderen suchen, baut einen Schuppen und aus Benzinfässern die erforderlichen Bienenstöcke mit beweglichen Rahmen. Die dreißig bestehenden, ziemlich improvisierten Stöcke zügelt er. Als alles bereit ist, geht er wieder nach São José, um die versprochenen dreihundertfünfzig Schwärme zu holen. Doch was passiert wohl? «Zucchari hat sie mir nicht gegeben und behauptet, der Ertrag sei ungenügend gewesen, seit ich mich darum gekümmert habe. Er hat mich beschimpft, ich habe zurückgegeben. Wir sind handgreiflich geworden, und er hat einige Schrammen abgekriegt.»

Damit ist das Arbeitsverhältnis natürlich beendet. Der Verwalter der Fazenda rät Florian zum Gehen und bietet ihm sogar an, seine Sachen von einem Fuhrmann zum Bahnhof Paula Suz bringen zu lassen. Ein Deutscher, Baron Langbern, der nicht weit von dort arbeitet, schlägt Florian vor, in die Gegend von Mandouri zu gehen, wo er einige Höfe zu verkaufen habe, und man wird handelseinig. Doch Florian ist nicht gewillt abzuziehen, bevor er seine drei Posten Milreis wieder hat, eine ganz hübsche Summe, die er als Kaution für den Bienenzucht-Vertrag mit der Fazenda hinterlegt hatte. Ja er will sogar wegen Nichteinhaltung des Vertrags klagen, da ihm die zugesagten Bienenschwärme nicht geliefert wurden. Ein befreundeter Polizist, der sich das Dokument anschaut, rät ihm davon ab: «Der Vertrag ist ungültig, das sind keine offiziellen Stempel, sondern Verbrauchsstempel!»

In Abwesenheit Zuccharis, den Florians Abreibung noch immer ans Bett fesselte, war der Verwalter auf dem Bahnhof, um sicherzugehen, daß der rauflustige Schweizer auch wirklich abreise, und er glaubte, sich aus der Affäre ziehen zu können, ohne das Portemonnaie hervornehmen zu müssen. ««Kommt gar nicht in Frage, Ihnen dieses Geld zurückzugeben›, hat er mich angeschnauzt!» erinnert sich Florian, richtig vergnügt, als er an die Episode zurückdenkt. «Er ist dann schnell höflicher geworden und hat's mit der Angst zu tun bekommen, als er die Pistole meines Bruders im Rücken spürte. Er hat das Notwendige veranlaßt, und ich bin abgefahren: mit dem, was mir zustand, meinen beiden Hunden, dem Gepäck und meinem Bruder.»

Eine Roßkur

Von Mandouri gehen die beiden jungen Männer zu Fuß hinauf nach Monte Alto, zu einem gewissen Guillermo Bull, einem Brasilianer deutscher Abstammung, für den ihnen Baron Langbern eine Empfehlung mitgegeben hat. Unterwegs in einer von Baumgruppen durchsetzten Savanne, die ihrem Namen «Höllenwäldchen» alle Ehre macht, wird Florian von Insekten gestochen, die er nicht kennt, doch deren Larven ihm den Rücken völlig zerfressen. Als Guillermo Bull nach ihrer Ankunft sieht, wie Florian es kaum auf seinem Stuhl aushält, bittet er ihn, das Hemd auszuziehen, und fällt beinahe in Ohnmacht, als er die Bescherung sieht: Florians Rücken ist mit Löchern übersät, in denen es von Maden wimmelt, offenbar Verwandte der Dasselfliegen- oder Rinderbremsenlarven, die sich im Vieh in der Unterhaut in den sogenannten Dasselbeulen entwickeln.

Es sind sicher hundert, genug, um ein Roß umzubringen. Guillermo und Louis beginnen sofort, sie herauszustochern. Für die Hühner zu ihren Füßen ein Fressen, und trotzdem vermögen sie kaum nachzukommen. Zum Lachen ist die Sache übrigens nicht: Der Erfolg der Operation ist ungewiß, und um eine Infektion zu vermeiden, pinseln sie den Rücken mit Salzlauge ein. Es brennt infernalisch. Guillermo nimmt Louis beiseite: «Dein Bruder überlebt das nicht. Nicht weit von hier ist ein Schreiner…» Louis hat verstanden und geht einen Sarg bestellen.

Doch Florian erholt sich und stößt nach vierzehn Tagen zu seinen Gefährten, die inzwischen den kleinen Hof von etwa drei *alguiéres* (rund sieben Hektar) ausfindig gemacht haben. Die beiden Brüder Portmann bauen eine Baracke und beginnen mit dem Roden und Bestellen ihres Besitzes. In der Nähe wohnen Italiener, die Louis abends gern zu einem Schwatz oder Kartenspiel aufsucht. Er ist stark, aber übermütig. Eine dumme Wette wird zum Drama. Er behauptet, etwas fertigzubringen, was nicht einmal Gewichtheber versuchen: Mit ausgestreckten Beinen am Boden sitzend, will er sich einen 60-Kilo-Sack auf die Schultern wuchten. Er versucht's, schreit auf, die Nieren ein Mus. «Ich habe schon geschlafen, als er heimkam», erinnert sich Florian. «Ein paar Stunden später hat er mich geweckt und gesagt, er könne nicht mehr pinkeln. Er litt schrecklich, stöhnte, flehte mich an, einen *fachinere* zu holen, einen dieser Medizinmänner, die die einheimischen Heilpflanzen kennen. Ich bin mitten in der Nacht losgeritten, ich hatte eine ungefähre Ahnung, wo ich einen Heiler finden könnte. Doch bei einer Verzweigung im Wald wußte ich nicht, ob's nun nach rechts oder links ging. Da habe ich einfach mein Pferd dreimal im Kreis gehen und dann laufen lassen, wohin es wollte. Nach einigen Kilometern haben wir eine Hütte erreicht, und da war es. Ich habe geklopft, und der Heiler ist herausgekommen. Er hat mir violette Blumen gezeigt, wie man sie hier im Wald findet. ‹Nimm eine

Handvoll davon, mach deinem Bruder ein heißes Sitzbad damit und gib ihm von dem Sud auch zu trinken.› Ich habe seine Anweisungen befolgt, und schon bald konnte mein Bruder wieder pissen – allerdings gestocktes Blut! Er war noch einige Tage sehr schwach: Dann nahm ihn Guillermo mit nach Hause, damit ihn seine Frau pflegen konnte, und nach zwei, drei Monaten ging es ihm wieder besser.»

In der Hotellerie

Allein zurückgeblieben, pflanzt Florian Baumwolle an, verpachtet das Gut an einen Deutschschweizer und kehrt nach São Paulo zurück, wo er einige Monate als Schweißer für die Straßenbahngesellschaft Light arbeitet, bevor er im Hotel Esplanade, damals das größte Haus der Stadt, als Metzger eingestellt wird. Diese Stelle hat er durch Vermittlung des Chefs für kalte Küche erhalten, eines Schweizers namens Bloch, dessen Cousin er in Orbe gekannt hatte. Florian arbeitet zwei Jahre hier, bevor er wieder einmal Knall und Fall verreist, und zwar nach einem Streit mit Freund Bloch. Das ereignete sich hinter den Kulissen eines großen Empfangs, als Bloch einen Eisbarren auf eine Platte mit Fischfilets fallen läßt, die Florian hergerichtet hat. Dieser protestiert mit vermutlich nicht besonders gewählten Worten, der andere wird wütend, schubst ihn, der Ton steigt. Florian schneidet dem zornroten kleinen Dicken mit seinem großen Metzgermesser auf einen Hieb sämtliche Knöpfe ab – Bloch wird bleich. «Da konnte ich mich natürlich auszahlen lassen und gehen», schließt Florian lauthals lachend.

In der Zwischenzeit ist der Besitz in Mandouri verkauft worden. Da der Pächter nach der Baumwollernte eine etwas zweifelhafte Abrechnung präsentiert hatte, wollte Florian nicht noch einmal eine Enttäuschung erleben. Und Bruder Louis, der nach seinem Unfall zu Guillermo Bull gezogen war, blieb dort und heiratete nach dessen Ableben die Witwe.

Florian kehrt wieder nach Araras zurück, wo er diesmal als Galvaniseur arbeitet. Doch er hält es weniger als ein Jahr aus, weil er mit dem Abteilungsleiter Großmann Streit bekommt, der Florian eine Lohnerhöhung verspricht, wenn er ihm zuträgt, was man hinter seinem Rücken über ihn sagt.

Operettenoffiziere

Unser «lonesome Cowboy» kehrt wieder einmal nach São Paulo zurück, wo er in der Straße des 7. Aprils bei einer Deutschen ein Zimmer mietet. Aber nicht für lange. Ein befreundeter Jurassier, Jean Gros, bringt ihn mit einem wahren «Trio infernal» zusammen: General Pain, Besitzer einer Fazenda im Mato Grosso, Hauptmann Guasque, ein Gaucho von der Fazenda Rio Negro und Mario Morel, ein gebürtiger Franzose.

Die drei gewitzten Burschen hatten sich zusammengetan, um einen *saladeiro,* eine Anlage zum Fleischtrocknen, zu kaufen, und wollten außerdem Tiefkühlanlagen nach Aquidauana hinaufbringen, in der Nähe von Campo Grande im Bundesstaat Mato Grosso do Sul. Da sie kein Kapital besaßen, hatten sie die Geräte auf Pump gekauft und hofften auf gute Geschäfte. Florian ist genau der Mann, den sie brauchen, um ihr Unternehmen in Gang zu bringen. Sie engagieren ihn auf der Stelle.

Florian geht also nach Aquidauana: «Als ich die Kühlanlagen übernehmen wollte, waren sie nicht da, dafür war der *saladeiro* in einem jämmerlichen Zustand. Ich habe den Kessel der Dampfmaschine und den Regler des Generators geflickt, dann das Wasserreservoir zwei Meter höher montiert, um mehr Druck zu haben, und eine Pumpe im Fluß angeschlossen. Dann habe ich monatelang gearbeitet, ohne Lohn zu bekommen. Schließlich habe ich mich bei einem Vertreter des Arbeitsministeriums beklagt. Die Gesellschaft war aufgelöst worden, einen Verantwortlichen gab es nicht mehr. Ich hatte also umsonst gearbeitet.»

Doch seine Klage erregt das Mißfallen der beiden Vertrauten des Spitzbubentrios, des Kuhhirten Antonio de Abreu und des Zimmermanns Manuel de Frete de Bittencourt, die den Fortgang der Arbeiten auf der Baustelle überwachen sollen. Als Vergeltungsmaßnahme nehmen sie die drei Kühe mit, welche die Milch für die kleine Gemeinschaft liefern. Damit rächen sie sich vor allem an Florian, der die Milch für ein Kalb braucht, das er aufgelesen hat und das mittlerweile sein liebster Gefährte geworden ist. «Ich habe es am 1. Januar vor meiner Türe liegend gefunden. Es war am ganzen Körper voller Maden. Ich habe es achtzehn Tage lange auf den Armen umhergetragen. Ein Metzger aus Aquidauana, der die kranke, für den Konsum nicht mehr geeignete Kuh hat kalben sehen, wußte nichts Gescheiteres, als sie zu töten und das Kalb auf der Weide liegen zu lassen.»

Ein Kalb an Hundes Statt

«Als ich ihm das erstemal Milch geben wollte», erzählt der offensichtlich gerührte Florian, «konnte es das Maul nicht öffnen, so viele Maden hatte es am Gaumen. Das arme Tier! Ich hätte weinen können. Dann habe ich ein Mamonblatt zu einem Rohr geformt und ihm die Milch während Tagen eingeflößt. Die Kiefer habe ich ihm mit Terpentin massiert, bis es sie öffnen konnte. Später, als wir keine Milch mehr hatten, habe ich das Kalb mit geschälten Orangen ernährt.» Das Kalb ist für Florian wie ein Hund geworden, ja es hat ihn sogar eines Abends in der über einen Kilometer entfernten Bar beim Bahnhof abgeholt, als gerade Tanz war! Die beiden haben zwar nicht miteinander getanzt, trotzdem kann man sich vorstellen, wie die ganze Gegend über die Geschichte gelacht hat.

Nach der Sache mit dem *saladeiro* kommt es für Florian nicht in Frage, nach São Paulo zurückzukehren: Er kann doch sein Kalb nicht allein lassen. Also arbeitet er für einen Italiener namens Lockman, der bei Santos ein Elektrizitätswerk gekauft hat, das er nun demontieren und via Eisenbahn nach Aquidauana schaffen will. Die Delaunay-Belleville-Dampfturbine der Anlage ist ein echtes Schmuckstück. Unser Mann mit den vielfältigen Talenten erledigt diese Aufgabe zur Zufriedenheit, spielt gleich noch den Rutengänger, um in der Nähe der Anlage eine Quelle zu finden, und richtet eine Brunnenstube ein.

Anschließend erhält er von einem befreundeten Schwarzen, dem Anwalt José Sabine, den Auftrag, sich in der Nähe von Aquidauana einer seit dreißig Jahren verlassenen Fazenda anzunehmen. Florian erfüllt diese neue Aufgabe mit Hilfe einiger Angestellter – und seines Kalbs. Zwei Jahre später verläßt er das neueingezäunte Gut, auf dem sich jetzt 255 Stück Vieh mit dem Brandzeichen von José Sabine tummeln. Dieser ist begeistert. Der Wert des Besitzes hat sich verdoppelt, er wird ihn mit beträchtlichem Gewinn verkaufen können.

Florian, den es nach Corumba im Mato Grosso zieht, läßt sein Kalb bei einem befreundeten Bauern und gelegentlichen Cachaça-Schnapsbrenner in Aquidauana, Gine Mulaton, einem Hünen von Mann, der mit einer paraguayischen Indianerin verheiratet ist, die zupacken kann und sich erst noch auf allerhand Zauber versteht. In Corumba macht sich Florian endlich selbständig, mit einer Maschinen-Reparaturwerkstätte und als Elektroinstallateur.

«Eines Tages bin ich per Zufall der Frau von Gine begegnet. Sie hat mir zwar gesagt, ihr Mann sei gestorben, aber nicht, daß sie ihn vergiftet hat, weil er untreu war. Natürlich wollte ich wissen, wie es meinem Kalb ging. Es war zu einer jungen Kuh herangewachsen, die eben zum erstenmal gekalbt hatte!»

Sofort springt er in den nächsten Zug nach Aquidauana und bringt seine Kuh mit dem Kalb zum Leiter einer der Fazendas von José Barboso, einem befreundeten Großgrundbesitzer, der die Kleinigkeit von sieben Gütern besitzt, von denen das kleinste immer noch eine Quadratmeile umfaßt – also 360 Hektar. Er gibt ihm auch sein Brandzeichen, nachdem man vereinbart hat, daß die Kuhkälber ihm zustehen. «Jahre später ist José Barboso gestorben, und ich bin von seinem Halbbruder zur Erbteilung eingeladen worden, weil mir inzwischen fünfundvierzig Rinder gehörten. Er hat mir anderthalb Kisten Reis pro Kopf geboten, einen Scheck ausgestellt, und ich habe die Moneten auf der Bank abgeholt. Das halb krepierte Kalb, das ich seinerzeit aufgelesen hatte, hat mir das reichlich gedankt...»

Zu dieser Zeit war Florian, zusammen mit französischen Freunden, zu einem Fest auf der Fazenda Santa Rosa eingeladen worden. Ein solches Fest südamerikanischer Viehzüchter dauert oft eine ganze Woche: Es ist die *churrasca*, das permanente Schlachtfest, mit drei bis vier Ochsen, die täglich gebraten, gegessen und reichlich begossen werden. Einer der Teilnehmer, Decoros Ortiz, sucht einen Begleiter für fünf Maultiere, die nach dem fünf Tagesritte entfernten Aquidauana geschafft werden sollen, und Florian bietet seine Dienste an.

Damals waren die Fazendas zum größten Teil noch nicht eingezäunt, und Reiter folgten eher der allgemeinen Richtung zu ihrem Ziel als den Straßen. Eines Abends kommt Florian mit seinen Maultieren bei einem Haus der Fazenda Protection an und klatscht in die Hände, bevor er absteigt, wie das damals geboten war, wenn man nicht mit einer Kugel empfangen werden wollte. Eine Frau öffnet, und er fragt, ob er hier übernachten kann. «Gut, daß du kommst», sagt sie, «hier treibt sich eine *susuarán* herum, die sich jeden Abend ein Kalb holt. Und ich bin allein mit den Kindern.» Der Mann half gerade beim Zusammentreiben von Vieh, das für den Verkauf markiert werden sollte. Mit *susuarán* war offenbar ein Puma gemeint. Die Frau reicht Florian ein Gewehr und eine Patrone. «Ein Bub hat mir den Weg gezeigt. Die Raubkatze hockte auf einem Baum, unter dem eine Meute Hunde bellte. Ich habe gezielt und geschossen. Sie ist heruntergefallen, hat sich aber noch einmal aufgerafft und einem der Hunde die Därme aus dem Leib gerissen. Ich habe das Fell und die Hälfte des Fleisches für mich behalten, die andere Hälfte habe ich der Frau gegeben, und zwei Tage später bin ich weitergezogen.»

Der große Viehtreck

Bei der Ankunft in Aquidauana wird er von Decoros Ortiz begeistert empfangen, der ihm gleich vorschlägt, bei einer *boyade,* einem dieser beeindruckenden Viehtrecks mit bis zu fünftausend halbwilden Rindern, in der Viehzuchtregion Pantanal mitzumachen. Florian willigt ein: «Man treibt die Tiere in einen Korral und läßt sie fünf Tage ohne Wasser und Futter, denn anders kann niemand eine solche Herde im Griff haben», erklärt Florian. «Wenn man dann das Tor öffnet, reitet der Kornettist den Tieren voran und bläst sein Instrument unentwegt, um sie an den Klang zu gewöhnen, der sie leiten wird. Er führt sie zur ersten Wasserstelle, wo die Rinder saufen können. Am ersten Tag macht man nicht viel mehr als sechs Kilometer. Dann werden die Tagesstrecken länger, und der Kornettist beschleunigt den Rhythmus. Am Anfang braucht man mindestens achtzig Gauchos, um die Herde zusammenzuhalten. Nachher wird es viel einfacher, die Rinder gehorchen besser. Doch wenn sie einen Jaguar oder Puma riechen und ausbrechen, sind sie nicht zu halten, sonst rennen sie einen mitsamt dem Maultier oder Pferd über den Haufen und zertrampeln dich!»

Die gewaltige Herde zieht über das offene Land der Fazendas hinweg, wobei sich laufend neue Tiere dazugesellen, während sich andere in die Büsche schlagen. Dabei gilt das Prinzip des Ausgleichs, wobei die Boyade-Gauchos vor allem dafür sorgen müssen, nach der dreimonatigen Wanderung am Ziel etwa gleich viele Tiere beisammen zu haben wie beim Aufbruch. Das unterwegs verlorene Gewicht können sich die Rinder dann auf den neuen Weiden wieder anfressen.

Florian gefällt dieses rauhe Leben, ist er doch selbst auch nicht gerade ein Chorknabe, und er nimmt an mehreren Rindertrecks teil. Bis er eines Tages mit seinen Kollegen auf dem Rückweg auf der Fazenda Protection an dem Haus vorbeikommt, wo er den Puma geschossen hat. Die Frau erkennt ihn und erzählt die Geschichte ihrem Mann und den Gauchos. Natürlich mangelt es nachher nicht an zweideutigen Anspielungen über den Beschützer einsamer Frauen, und das zieht sich mehrere Tage hin, bis Florian der Kragen platzt. Fertig, Schluß, das ist die letzte Boyade gewesen, auch wenn Decoros ihn anfleht, den nächsten Viehtrieb zu leiten. «Ich habe ihm gesagt, daß das nicht geht. Wenn die mit ihren verdammten Anspielungen so weitermachen, bringe ich noch einen um!» Von da an wird Florian in der Region nur noch «Susuarán» (Puma) genannt. Der Spitzname trägt ihm den Respekt so mancher Pistoleros ein, und deshalb ist er ihm mehrmals nützlich, auch wenn er ihn gar nicht mag.

Doch jetzt stürzt sich Florian in ein neues Abenteuer: Er will im Mato Grosso auf Diamantensuche, er versucht sich als *garimpeiro*. Diese Idee spukte ihm schon geraume Zeit im Kopf herum, jetzt ist der Augenblick günstig. «Ich habe den Dampfer genommen, der den Rio Paraguay bis Cuiabá hinauffährt. Dort habe ich meine Sachen bei einem Freund gelassen, Georges Pommot, und mich dann in die Diamantenfelder aufgemacht.»

Von einem Indianer gerettet

«Ich war *muito tanto* Garimpeiro...» Florians Ton hat sich geändert, die ganze Härte des Goldsucherlebens schwingt in der Stimme mit. «Ich war vorher braunhaarig, und dann auf einen Schlag weiß. Ich habe schreckliches Fieber gehabt und zehn Tage ohne einen Tropfen Wasser ausgehalten ... mit Fieber und *coluchón,* wie man hier die Schlafkrankheit nennt. Sie greift das Rückenmark an, und du liegst da wie ein Huhn auf seinen Eiern, bis du stirbst, wenn sich niemand um dich kümmert. Zum Glück hat mich dann ein Indio vom Stamm der Cheben gefunden, wie ich so dalag, schon halbtot. Er hat mich mit Heilkräuter- und Wurzeltees gepflegt. Am ersten Abend ist er wieder verschwunden, nachdem er mich eingerieben und mir einige solcher Tränke verabreicht hat. Am andern Morgen ist er wiedergekommen und hat mich zu seiner Hütte gebracht. Bartoli, so hieß er, war zwei Jahre früher von seinem Stamm verstoßen worden, aber ich weiß nicht mehr wieso. Er hatte im Urwald eine *rossa* angelegt: ein Stück Land gerodet, um Mais und Maniok zu pflanzen. Ich habe die Sprache seines Stammes nicht verstanden, aber gewußt, daß sie nicht in die Hände klatschen, wenn sie irgendwo ankommen, wie das hier üblich ist; sie melden sich mit einem Fußstampfen an. Ich bin drei Monate bei Bartoli geblieben, denn wegen der Krankheit und des Fiebers hat sich die Haut meiner Fußsohlen völlig abgelöst, und ich bin an den Sohlen heute noch schrecklich empfindlich. Schließlich hat mich der Indio nach Gatigne gebracht, einer Goldgräberstadt, die heute Alto Paraguay heißt. Dort hat eine Postkarte meines Freundes Pommot auf mich gewartet: ‹Ich habe gehört, Du seist gestorben, und will das nicht glauben. Wenn Du lebst, komm sofort nach Cuiabá, wir erwarten Dich›...»

Ein Lastwagen nimmt Florian mit nach Cuiabá hinunter. Sein Freund erkennt ihn nicht sofort. Als sie sich zum letzten Mal gesehen haben, brachte Florian siebenundachtzig Kilo auf die Waage, jetzt besteht er nur noch aus Haut und Knochen und wiegt ganze siebenundvierzig Kilo. Als Georges Pommot endlich begreift, bricht er in Tränen aus.

Nachdem sich Florian rund vier Monate lang erholt hat, zieht er wieder auf Diamantensuche, aber diesmal nicht nach Gatigne, sondern in die Gegend von Guia, die nur fünfzig Kilometer nördlich von Cuiabá liegt. Das Prinzip ist noch immer dasselbe: Jeder Garimpeiro erhält einen «Frontabschnitt» von fünfzehn Metern Breite, den er so weit und tief ausbeuten kann, wie er will. Mit all den Nachbarschaftsstreitereien, die man sich vorstellen kann, wenn eine Ader nach links oder rechts hinüberreicht. Mißgunst, Betrügereien und Gemeinheiten sind in dieser mitleidlosen Welt der Gold- und Edelsteinsucher an der Tagesordnung. Irgendwann kommt Florian günstig zu einer Taucherausrüstung, mit der er auch im Fluß arbeiten kann; dann stellt er eine Mannschaft zusammen, die er ausrüstet und für die er kocht, während sie für ihn arbeitet. Als unternehmerischer Geist will er immer mehr, immer weiter.

Amazonasexpedition

Schließlich rüstet er auf eigene Kosten eine Expedition aus. Mit acht Mann fliegt er nach Pôrto Velho am Rio Madeira, dem großen südlichen Zufluß des Amazonas. Von hier fahren sie zuerst mit dem Lastwagen, dann mit Booten den Rio Jamari bis Ariquemes hinauf, mieten dort Maultiere für den Weg ins Städtchen Rondônia am Zusammenfluß von Urupá und Jiparaná. Diesen Fluß fahren sie später wieder hinunter und schürfen auch noch im Rio Machadinho nach Diamanten.

«Ich hatte bereits ziemlich viele Diamanten beisammen, mindestens 45 Karat», erinnert sich Florian. «Bei mir war ein Schweizer, Benjamin Steingruber, ein Riesenkerl, den wir Tarzan nannten. Er war ein hervorragender Taucher, hat aber auch gern gestritten. Da es in der Gegend viele Garimpeiros gab, hatte ich Angst, daß sie ihn umlegen würden. Deshalb habe ich es vorgezogen, mit der Taucherausrüstung weiter flußabwärts zu arbeiten. Wir haben also einen Einbaum gebaut und sind hinuntergefahren. Als wir uns den Stromschnellen näherten, haben wir uns an den Ästen der Uferbäume festgehalten. Tarzan, der steuerte, ist aufgestanden und hat gesagt: ‹In Ordnung, wir können durch!› Ich: ‹Da vorn sind die Schaumkronen aber sehr hoch.› Er schreit: ‹Das ist nichts, laß los!› Wir sind davongesaust wie aus dem Kanonenrohr. Mit den Paddeln war nichts mehr auszurichten. Wir sind über einen acht bis zehn Meter hohen Wasserfall hinausgeschossen, dann haben wir an Geschwindigkeit verloren und sind in der zweiten Stromschnelle gekentert.»

«Wir hatten alles verloren», fährt Florian traurig fort: «den Taucheranzug, all unser Material, unsere Vorräte, die Streichhölzer. Mir ist nur das Gewehr geblieben, das am Einbaum festgebunden war, und wir haben noch einige Büchsen Hafer und Fett auffischen können. Die Diamanten? Die waren natürlich auch weg: Sie steckten in meiner Jacke, und die hatte ich ausgezogen ...»

In der Folge wurde die Expedition zur tropischen Beresina. Das traurige Häufchen erreichte erst nach vierzehn Tagen den ersten *serigal* (Kautschukkocherei) am Ufer des Flusses, nachdem die Männer einer feindlichen Umwelt und den Pfeilen der Arrarasindianer getrotzt und mit einem Gemisch von Fett und Hafer überlebt hatten. Jetzt litten sie an Malaria und waren mit ihrem kaum fahrtüchtigen Einbaum immer noch Hunderte von Kilometern von Tabajara entfernt, wo Hoffnung bestand, ein Schiff nach Pôrto Velho zu finden. Zu ihrem Glück erwies sich der Besitzer des *serigal* namens Barros als großzügig. Sie konnten hier gesunden und unter guten Bedingungen weiterziehen, mit einem Empfehlungsschreiben an den Gouverneur, er solle für einen Flug nach Cuiabá sorgen. «So haben wir nach monatelangen Anstrengungen und Reisen alles verloren und sind wieder gleich weit gewesen wie am Anfang», schließt Florian, «nur hatten wir noch einen Haufen Schulden!»

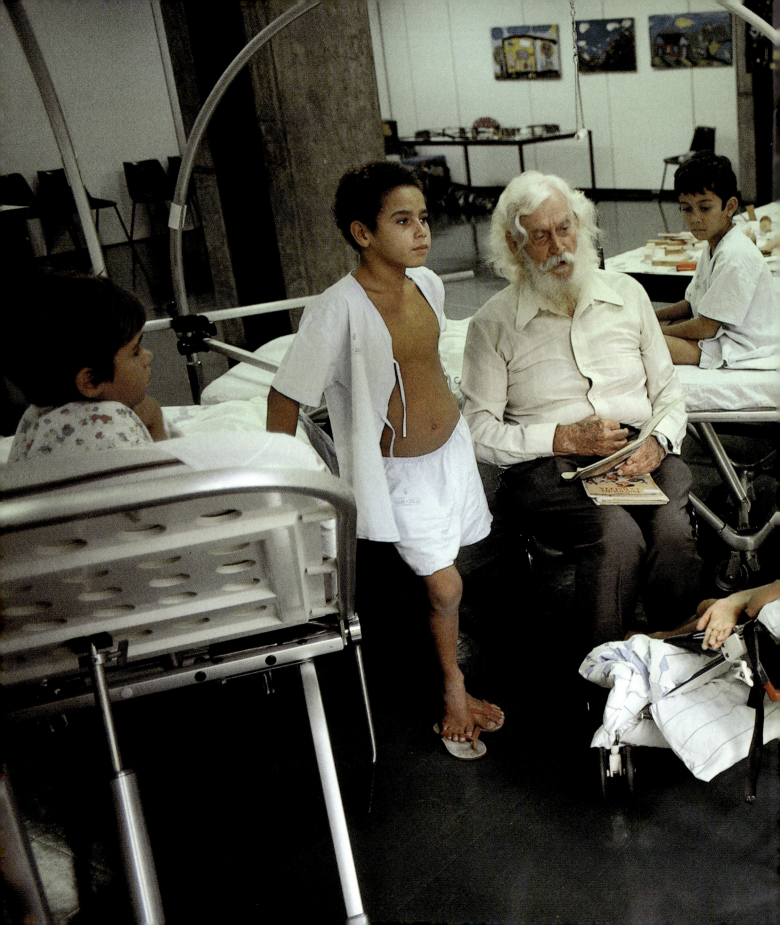

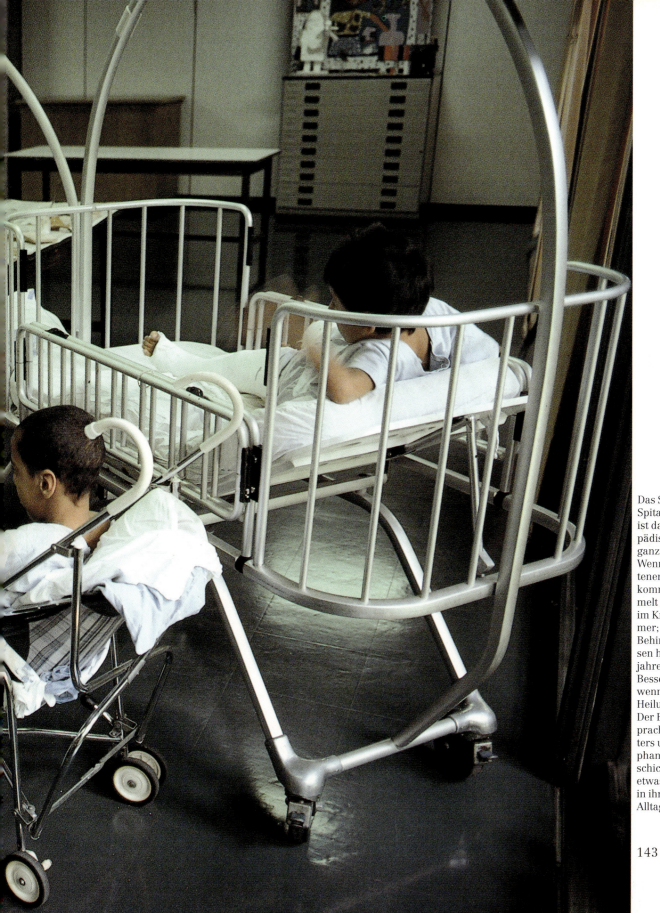

Das Sarah-Kubicek-Spital in Brasília ist das größte orthopädische Institut ganz Lateinamerikas. Wenn der Geschichtenerzähler Florian kommt, versammelt man die Kinder im Krankenzimmer; viele der kleinen Behinderten müssen hier monate- und jahrelang auf eine Besserung warten, wenn überhaupt eine Heilung möglich ist. Der Besuch dieses prachtvollen Großvaters und seine phantastischen Geschichten bringen etwas Abwechslung in ihren tristen Alltag.

Florian arbeitet wieder als einfacher Garimpeiro auf seinem fünfzehn Meter breiten «Frontabschnitt» in der Nähe von Guia. Hier bleibt er noch einige Jahre und findet auch Diamanten, vor allem aber eine Perle: Doña Eve, sein Frau.

Die Heirat des Garimpeiro

Zum erstenmal sah er sie hoch zu Roß, das Lasso in der Hand, bei der Suche nach Rindern. Florian konnte ihr weiterhelfen, tatsächlich hatte er in der Nähe einen Jährling mit dem genannten Brandzeichen gesehen. Später sah er die kraftvolle junge und bewundernswerte Frau, in deren Adern offensichtlich indianisches Blut floß, noch mehrmals. Doch es war nicht leicht, ihr den Hof zu machen, denn der Onkel und die Tante, auf deren Fazenda Cochipoassu sie seit dem Tod ihrer Eltern lebte, wünschten nicht, daß sie mit einem dieser berüchtigten Garimpeiros verkehrte. Glücklicherweise mischte sich eine andere Tante ein, die einflußreiche, hochgeachtete Doña Marequigna, die den Schlüssel zum Kirchenschatz verwahrte – und jetzt den beiden den Weg zum Traualtar ebnete. Sie hatte Florian gern und war ihm dankbar, weil er ihrem Sohn beim Aufbau seiner Schmiedewerkstatt mit Rat und Tat beiseite gestanden hatte. Die standesamtliche Vermählung vollzog der Bürgermeister von Guia, für die kirchliche Trauung wartete man auf den Besuch eines Priesters.

Schwierige Geburten

Florian war achtundvierzig, Doña Eve dreiundzwanzig, und ihrer Verbindung sollte 1954 Helvetia entspringen, zwei Jahre später Blanche-Neige (Schneewittchen) und dann noch Guillermo Tell. Die Geburt war jedesmal schwierig. Das Paar lebte in der abgelegenen Hütte des Garimpeiros. Bei der Geburt der ältesten Tochter mußte Florian wegen Eves schlimmen Wehen mitten in der Nacht und im strömenden Regen einige Kilometer durch den Wald hasten, um eine alte Hebamme zu holen, die er auf dem Rückweg die meiste Zeit tragen mußte. Diese sah sofort, daß Eves Zustand ihre Fähigkeiten überforderte. Also mußte Florian einen Krankenwagen organisieren, um die Gebärende ins Spital von Cuiabá zu transportieren. Bis zur Straße schleppte er Eve in einer an einer Stange befestigten Hängematte, und im Spital wurde seine Frau dann zwei Stunden später mit der Gebärzange entbunden.

Bei der kleinen Blanche-Neige, der Einfachheit halber Bianca genannt, war das Szenario anfangs gleich, allerdings genügte der Beistand der Hebamme, und das Kind kam in einer leeren Schule zur Welt, zwei Schritte von dem «Haus» entfernt, welches Florian für seine Familie baute.

Ein Drama

Doña Eve erwartete ein drittes Kind. «Ich bin schuld, daß er gestorben ist», würgt Florian mit kummervoller Stimme hervor, «ich hätte sie nicht alleinlassen dürfen. Doch da mußte eine Maschine installiert werden, eine dringende Arbeit. Ich habe gesagt, ich kann nicht, meine Frau ist kurz vor der Geburt. Da hat mein Nachbar gemeint: ‹Wir nehmen sie zu uns, meine Frau kümmert sich um Eve.› Eines Abends sind ihre Kinder zum Spaß mit geschwärzten Gesichtern in das Zimmer gestürmt, in dem Eve mit Bianca geschlafen hat. Die Kleine ist erschrocken und hat geschrien, Eve ist aufgeschossen, und dieser Schock hat die Geburt ausgelöst. Man hat mich von der Baustelle geholt: ‹Deine Frau ist im Spital, es geht ihr nicht gut.› Ich bin mit dem Bus hingefahren. Der Doktor hat einen Kaiserschnitt gemacht. Aber der kleine Guillermo Tell hat nur drei Tage gelebt.»

Später, 1964, werden Eve und Florian einen Buben, einen zwei Wochen alten Säugling, adoptieren, der am Neujahrsmorgen in Zeitungen gewickelt krank vor ihrer Haustür liegt und den sie ebenfalls Guillermo Tell taufen.

In der Zwischenzeit spielt sich in der Westernatmosphäre der harten Garimpeirowelt ebenso Aufregendes wie Unglaubliches ab. Bei Guia hat sich Familienvater Florian mit den Seinen in einer etwas komfortableren Behausung eingerichtet, als es seine Junggesellenhütte gewesen war. Er hat Pferde, eine Kuh und Kleinvieh, lebt aber von der Arbeit als Diamantensucher. Unermüdlich wäscht er den kiesigen Sand in verschieden großen Sieben aus, die man mit beiden Händen kreisen läßt, so daß sich die schwereren Edelsteine in der Mitte absetzen – sofern man fündig geworden ist!

Die Gegend ist inzwischen bekannt und überlaufen. Man kommt sich in die Quere. Florian hat Glück, seine Nachbarn nicht. Die beiden Brüder italienischer Herkunft, die seit kurzem neben seinem Claim arbeiten, finden auf ihrem Gelände praktisch keine Diamanten und beginnen auf Florians Gebiet überzugreifen, fechten die Grenze an. Solche Konflikte sind alltäglich und enden böse. Warnungen folgen Beschimpfungen und Handgreiflichkeiten. Doch Florian ist kein Schwächling, und seine Nachbarn ziehen gedemütigt und wütend ab.

Ein Tages geht Florian nach Guia einkaufen, und jetzt beginnt eine «Chronik des angekündigten Todes», um die bekannte Marques-Verfilmung zu zitieren. Die beiden Italiener haben überall verkündet, daß sie ihn umlegen wollen: Die Gelegenheit ist da. Während Florian seine Einkäufe macht, im Laden mit Sirio, einem Onkel seiner Frau, schwatzt und dann noch einen andern Verwandten in der Bäckerei trifft, zieht sich die Schlinge zusammen. Es fehlt nur noch die Musik von Ennio Morricone. Florian ist nicht von gestern und weiß den Revolver zu gebrauchen, um sich seiner Haut zu wehren. Er hat ihn in Griffnähe, entsichert.

Als er über den Platz zur *churrascaría* geht, wo Onkel Sirio auf ihn wartet, wird er von den Italienern in die Zange genommen. Doch kaum fängt die Schießerei an, taumelt einer der beiden Pistoleros, an der Hüfte und am Bein getroffen, dann fällt der andere, am Arm und Bein verletzt. Florian hat nicht einen Kratzer abbekommen: Seine Angreifer hatten ihre Kugeln mit einem Kreuz markiert, damit sie mehr Wirkung hätten, aber vergessen, daß das auf diese Entfernung die Treffsicherheit reduziert. Als Florian dem weniger verletzten Gegner an die Kehle fährt, um ihn zu erwürgen, gelingt es diesem, ihm eine Kugel in den Kopf zu jagen. «Hier hat er getroffen, das Loch ist noch da!» Dreißig Jahre später trägt der prachtvolle Alte noch immer die Spuren dieses Schusses: Am Haaransatz ist eine fingerdicke Furche zu sehen!

Die drei Verwundeten werden ins Spital von Cuiabá gebracht. Die beiden Italiener können schon bald wieder heim und bringen es dank Beziehungen fertig, daß Florian wegen Mordversuchs angeklagt wird. Er ist allerdings noch nicht transportfähig, hat man ihm doch die Schädeldecke öffnen müssen, um drei Splitter einer Kugel vom Kaliber 44 herauszuholen. Zwei Polizisten bewachen das Spital, bis er verhaftet werden kann. Doch der Pechvogel hat Glück. Einer seiner Freunde, Padre Pedro Lachat – natürlich ein Jurassier –, wird benachrichtigt und trommelt Hilfe zusammen. Denn Florian hat nicht nur Todfeinde in dieser Stadt, sondern auch Freunde, die auf Gedeih und Verderb zu ihm halten, selbst bei der Polizei. Die einen haben sich geschworen, daß dieser Staatsfeind Nummer 1 auf die eine oder andere Weise ins Jenseits befördert gehört, ob nun der Rechtsweg eingehalten würde oder nicht! Andere, über diese düsteren Absichten auf dem laufenden, waren entschlossen, ihn zu retten.

Spektakuläre Flucht

So kann Florian, kaum ist er halbwegs auf den Beinen, mit Hilfe von Freund Lachat seine Bewacher an der Nase herumführen und im Taxi aus dem

Im Dezember ist Florian – seit den siebziger Jahren der offizielle Weihnachtsmann, der «Pai Natal» von Brasília – sehr beschäftigt. Dank dem vom Staat zur Verfügung gestellten Helikopter kann er seine Besuche in den abgelegensten Außenquartieren und Slums vervielfachen und kommt erst noch direkt aus dem Himmel, wie es sich für einen Sankt Nikolaus gehört. Seine Rolle hat ihn bekannt gemacht, und sein echter weißer Bart ist so berühmt, daß ihn seine Fans auch ohne Weihnachtsmannkostüm erkennen. Jahraus, jahrein vergeht kein Tag, ohne daß er von jung oder alt mit einem herzlichen «Pai Natal!» begrüßt wird.

Spital entwischen. Dann wird er bei Georges Pommot versteckt, so daß die Hausdurchsuchung bei dem Jurassier anderntags ergebnislos verläuft. Schließlich läßt ihm Major Maier, der befreundete Polizeikommissar, für alle Fälle einen Revolver und Munition zukommen, bevor er auch noch ein spektakuläres Ablenkungsmanöver durchführt, damit die Flucht via Flugzeug in den Nachbarstaat Goiás gelingt: Maier sorgt für einen Massenausbruch aus dem Gefängnis von Cuiabá, der den Einsatz sämtlicher Polizeikräfte nötig macht. In der Zwischenzeit fliegt Florian mit einem auf einen falschen Namen ausgestellten Billett und verkleidet nach Campo Grande, im Mato Grosso do Súl, dann nimmt er den Zug nach Trés Lagoas und geht hinauf nach Cassilândia, von wo er über die Grenze nach Jataí fährt. Dieser riesige Umweg hatte einen Grund: Der direkte Weg zur Grenze war gesperrt worden, um die Flucht des vermeintlichen Mörders zu verhindern.

In Jataí arbeitet Florian bei einem Hersteller von Mühlen und Kaffee- sowie Reisschälmaschinen namens Carloni, den er von Guia her kannte. Zwei Monate später holt er Frau und Kinder nach, die bei Padre Lachat in Cuiabá untergekommen waren. In einem Staat, der ihn immer noch als gefährlichen Kriminellen sucht, ist das äußerst gewagt, doch Florian hat offensichtlich einen besonderen Schutzengel und kommt einmal mehr davon.

Jataí ist die zweitletzte Etappe seines Wanderlebens in Brasilien. Er bleibt drei oder vier Jahre dort, dann lockt ihn die gewaltige Baustelle, von der alles spricht: der Bau der neuen Bundeshauptstadt, Brasília. Das künftige Bundesterritorium ist eine Enklave im Bundesstaat Goiás, in Luftlinie fünfhundert Kilometer nordöstlich gelegen. Diesem Ruf widersteht Florian nicht.

1958 bringt er seine Familie in einem Schuppen in Taguatinga unter, einer Satellitenstadt von Brasília, noch weitgehend ein unbebautes Gelände. Er erhält die erste Bewilligung für den Bau eines Hauses in einer neuausgesteckten Wohnzone und nagelt vorerst eine Bretterbude zusammen, bis das Haus fertig ist, dauert es fünfzehn Jahre. Er arbeitet hier und dort, in den verschiedenen Bereichen, in denen er sich auskennt: als Sanitärinstallateur, Elektriker, Schweißer, Mechaniker usw. Er hilft bei der Fertigstellung des Spitals von Taguatinga mit, dessen Oberschwester ihm ewig dankbar ist, weil er auch gleich noch das Dach der Kapelle geflickt hat. Sie erinnert sich an ihn, als sie 1960 ans Sarah-Kubicek-Spital in Brasília kommt, und sorgt dafür, daß Florian in diesem größten orthopädischen Spital Lateinamerikas angestellt wird. Achtundzwanzig Jahre später ist er noch immer dort.

Er richtet die orthopädische Werkstätte ein und übernimmt deren Leitung. Zur Weiterbildung in diesem Spezialbereich wird er nach São Paulo geschickt. «Die erste Prothese, die ich gemacht habe», erinnert sich Florian, «war für einen jungen Schweizer aus Nova Friburgo!» Daneben sorgt er für den Unterhalt der elektrischen Apparate und Installationen. Als er das Pensionsalter erreicht hat, geht er in Rente, wie es das Gesetz in Brasilien vorschreibt. Während einiger Monate arbeitet er gelegentlich für die Schweizer Botschaft, bis Spitaldirektor Dr. Aloysio Campos da Paz ihn zurückholt.

Märchenonkel im Spital

Da er selbst seinen Nachfolger ausgebildet hat – «einen Burschen, der zu gescheit war, um nur den Besen zu halten», geht Florian nicht in die orthopädische Werkstatt zurück, sondern kümmert sich um den Unterhalt. Doch bald muß er wegen eines Bandscheibenschadens operiert werden, dann ein zweitesmal, und der Arzt verbietet ihm, auf Leitern zu steigen und Lasten zu tragen. Deshalb wird jetzt das, was er schon immer gelegentlich getan hatte, zu seiner Haupttätigkeit: Er erzählt den Kindern Geschichten. So wird dieser Großvater zum täglichen Sonnenstrahl für die kleinen Behinderten.

Man versammelt sie im Krankenzimmer, und sobald Florian erscheint, schallen ihm begeisterte «Pai Natal! Pai Natal!» entgegen. Die meisten Kinder sind längere Zeit hier, manchmal als Folge eines Unfalls, einer Mißbildung oder Lähmung. Wenn Florian die Runde durch die Zimmer macht, leuchten die Gesichter auf, und nur gerade die unglücklichen Geschöpfe, deren Wasserköpfe so schwer sind, daß sie ihm gar nicht nachschauen können, lassen kein Anzeichen von Freude über seine Gegenwart erkennen. Und jetzt geht der König der Kinder von einem zum andern, um sie zu streicheln.

Offizieller Weihnachtsmann Brasílias ist Florian in den siebziger Jahren geworden, als er auf eine Anzeige antwortete. «Arbeitskollegen haben mich dazu gedrängt. Sie haben gesagt, ich würde sicher genommen! Da ich Kinder gern mag, habe ich mich vorgestellt, und bin nach zwei Tests aus rund zwanzig Kandidaten ausgewählt worden. Am Anfang bin ich ganz allein gewesen, doch das war im Dezember, mit oft vier Vorstellungen pro Tag, einfach zu streng. Nun habe ich Gehilfen».

Der Weihnachtsmann von Brasília verteilt in allen Quartieren der Hauptstadt und den übrigen Siedlungen des Bundesbezirks Bonbons sowie Geschenke und segnet die Kinder. Und als rechter Weihnachtsmann kommt er immer mit dem Helikopter vom Himmel herab. «Einmal haben wir eine Panne gehabt und mußten hinter dem Präsidentenpalast notlanden. Die Wachen haben uns beinahe erschossen, weil sie glaubten, es sei ein Staatsstreich oder eine Entführung. Der Pilot ist hinausgerannt und hat geschrien: ‹Hört auf, hört auf, es ist der Weihnachtsmann!› Da hat uns der Präsident sofort einen andern Helikopter zur Verfügung gestellt.»

Am Ende eines bewegten, von Abenteuern und Gewalt erfüllten Lebens bewegt sich Florian nun in einer Welt des Friedens. Was von diesem Greis ausstrahlt, der manchmal schneller schießen mußte als sein Gegner, um so alt zu werden, ist eine große innere Ruhe und eine unendliche Güte. Er ist ein überaus gefühlvoller Mensch, dem schnell Tränen kommen, wenn er menschliches Leid mit ansehen oder mit anhören muß. Wenn ein weiterer Beweis des zutiefst großzügigen Charakters von Florian nötig ist, genügt ein Besuch bei ihm zu Hause.

Wen findet man dort? Blanche-Neige, die noch einige Zeit bei ihren Eltern lebt – Helvetia und Guillermo Tell sind bereits ausgeflogen. Doch wer ist dieses Schulmädchen, das eben ihre Aufgaben macht, während Doña Eve im Hof das Essen kocht? Es ist Michèle, die Tochter einer armen Taubstummen, die sie eines Tages aufgenommen haben, weil man sie zu Hause weggejagt hatte, als sie schwanger war. Sie haben sie behalten, auch das Baby. Nach zwei Jahren ist die Mutter gegangen, schaut aber noch ab und zu herein. Michèle ist natürlich geblieben. «Ich habe sie von Geburt an in meinen Armen getragen», sagt Florian mit liebevollem Blick, «wir sind verantwortlich für sie, bis sie achtzehn ist.»

Und wer ist die Kleine, die da fröhlich herumhopst und ständig in unser Gespräch plappert? Marietta. Ihre Mutter hat sie einer Nachbarin überlassen, um ihre Reize in der Serra Pelada verkaufen zu können, wo es an Arbeit für Prostituierte nicht mangelt. «Doch diese Nachbarin arbeitete und konnte sich nicht um das Kind kümmern», erzählt Florian. «Es war den ganzen Tag allein, und das während Monaten. Da hat Eve es eben zu uns genommen. Ein hübsches Mädchen, nicht wahr?»

Florian wiegt nachdenklich den Kopf, während er dem strahlend lachenden Kind zuschaut: «Es ist herrlich, sich so um Kinder kümmern zu können. Doch wie viele von ihnen wachsen im Elend auf. Das tut weh. Wir sind alle Menschen, das stimmt. Aber guten Menschen bin ich eigentlich wenigen begegnet!»

Inhaltsverzeichnis

Kapitel 1 – Seiten 4–11

Einführung
Sie sind überall

Der letzte Aderlaß
«Expatriez-vous»
Gesprächsstoff
Von fetten Weiden …
… und mageren Äckern

Kapitel 2 – Seiten 12–27

Der Gründer Kaliforniens
Auf Sutters Spuren

Der beste Führer
Flucht und Konkurs
Im New Yorker Schmelztiegel
Treck nach Santa Fé
Neuer Konkurs
Der Oregon Trail
Die Rocky Mountains
Abstecher nach Honolulu …
… und Alaska
Die Goldene Pforte
Der Sacramento River
Fort Sutter
Militärisches Abenteuer
Das Sternenbanner
Es ist etwas faul im Königreich
Der Goldrausch
Zuflucht in der Hock-Farm
Enttäuschungen und Ehrungen

Kapitel 3 – Seiten 28–39

New Glarus in Wisconsin
Little Switzerland

Wie in Rüti
Die Krise der Textilindustrie
Die Saga von 1845
Eine geschlossene Gemeinschaft
Auf den Tourismus gesetzt
Heidi und Wilhelm Tell
Unüberbietbarer Höhepunkt
Gesucht: deutschsprachige Schauspieler
Eine Schauspielerdynastie
Die beiden Äpfel
Heidis Großvater, der Alpöhi
Wintersport
Das große Paradox

Kapitel 4 – Seiten 40–51

Die Bauern in Kanada
Andere Maßstäbe

Spektakulärer Erfolg
Japanische Züchter sind interessiert
Weltweites Echo
Das Erfolgsrezept
Nichts überstürzen
Eine packende Geschichte
Ein Gut von 900 Hektar
Wehmütige Töne
Eine lange Tradition
Der erste Maler des Westens

Kapitel 5 – Seiten 52–61

Fifth Avenue, New York
Die feine Adresse

Im Ausland Flagge zeigen
Geborgte Identität
In guter Gesellschaft
Die gute Adresse hat ihren Preis
Unerschwingliche Büros
Der erste Schweizer Wolkenkratzer

Kapitel 6 – Seiten 62–75

Dreisprachige Schule in Kolumbien
Das Colegio Helvetia

Wie die Angelsachsen
Zweisprachige Schule

Patenkantone
Ghettobildung vermeiden
Die Integration des
   Lehrkörpers
Pädagogisches Experiment
Von der Reise an die Arbeit
Unsicherheit
«Damit auskommen lernen ...»
Freiheit und Harmonie
Austausch zwischen den
   Gemeinschaften
Schülerschwund

Kapitel 7 – Seiten 76–93

*Schweizer Bischöfe
in Bolivien*
Mission in Amazonien

Anderthalbmal die Schweiz
Eine ergreifende Würdigung
Das Kokainwunder
Inkaland
Das Wirken der Jesuiten
Ein Vakuum von 175 Jahren
Lieder in der Nacht
Die Pastorale der
   Gemeinschaften
Die Palette der Natur-
   medizin
Heiraten auf Probe
Mit Mofa und Einbaum

Kapitel 8 – Seiten 94–107

*Bertoni, ein paraguayischer
Nationalheld*
Ein Gelehrter in den Selvas

Legendäre Figur
Politisches Engagement
Die Auswanderer aus dem
   Bleniotal
Die argentinische Kolonie
Eine Reihe von Wundern
Colonia Guillermo Tell
Der Unterricht
Eine Druckerei im Urwald
Pilgerfahrt zu Wilhelm Tell
Ein Friedhof
Gewaltige Bibliographie
Ein Plan für Puerto Bertoni

Kapitel 9 – Seiten 108–127

Nova Friburgo in Brasilien
Kaffee und Karneval

Die Reise von 1977
Dramatische Überfahrt
Carlito, Kaffeepflanzer
Was wäre Neu-Freiburg ohne
   Käse ...
Kontroverse
Das Käsewunder
Der Moléson von Rio
Der Name der Lehrerin

Kapitel 10 – Seiten 128–149

*Sechzig Jahre Abenteuer
in Südamerika*
**Weihnachtsmann in
Brasília**

Bad in der Menge garantiert
Ein Abenteuerroman
Staunende Bistrogäste in
   Saint-Saph
Explosion in Paris
Der amerikanische Großvater
Englische Reben schneiden ...
Milchkannen putzen
Butter und Honig
Eine Roßkur
In der Hotellerie
Operettenoffiziere
Ein Kalb an Hundes Statt
Der große Viehtreck
Von einem Indianer gerettet
Amazonasexpedition
Die Heirat des Garimpeiro
Schwierige Geburten
Ein Drama
Spektakuläre Flucht
Märchenonkel im Spital

«SCHWEIZER IN ALLER WELT»
IDEE UND KONZEPTION FÜR DIESES BUCH WURDEN VOM
MONDO-VERLAG ENTWICKELT

Direktion: Arslan Alamir – Grafische und technische Realisation: Horst Pitzl
Maquette: Eric Voyame

Übersetzung aus dem Französischen: Robert Schnieper

Bildnachweis (Umschlag): G. Covian, A. Heiniger, W. Imber, M. Wood

© 1990 by Mondo-Verlag AG, Lausanne – Alle Verlagsrechte vorbehalten – Gedruckt in der Schweiz
ISBN 2-88168-202-2
Adresse: Mondo-Verlag AG, Avenue de Corsier 20, 1800 Vevey, Telefon 021 922 80 21

MONDO

Filmsatz und Druck: Buri Druck AG, Bern
Fotolithos: Ast+Jakob, Köniz
Bucheinband: Mayer & Soutter SA, Renens – Papier: Biber Papier AG, Biberist